THE WAY WE LOVED

Judith Ravenscroft is the author of
My Life with Belle (Lenz books, 2010).

THE WAY WE LOVED

Judith Ravenscroft

LENZ
books

First published by

LENZ books,

London

Copyright © Judith Ravenscroft, 2013

All rights reserved

A CIP catalogue record for this book is available

from the British Library

ISBN 978-0-9564760-5-0

Printed and bound by CPI Group (UK) Ltd,

Croydon, CR0 4YY

For Carolyn Polizzotto

I'M SITTING WITH MY BROTHER HUGO in the back of a car parked in a lay-by. In the dying light he is no more than a dim, perhaps sleeping shadow beside me for I'm absorbed by the scene outside. My mother and father – and a policeman in an unfamiliar flat hat. My father says something to the policeman, who shrugs in a desultory way and glances towards the road as if he's expecting something. My mother stands apart, on the side of the lay-by away from the road, at the edge of a rocky ravine. We're in the mountains and Simon, my younger brother, is lost. My mother holds a pair of binoculars to her eyes and is scanning the mountainside. I can't see her face but I know from the tense way she holds her shoulders that she's desperately worried.

A black car turns into the lay-by and stops abruptly. The back door swings open. Hands are reaching for a child who is half clambering, half lifted over knees. I wait for the child to declare itself, but my father shows no such caution. He is bounding towards the car, reaching out to receive the child – and blocks my view. My mother has lowered the binoculars and watches the drama of Simon's return with a curious detachment. Hugo, beside me, begins to whimper, a sound that plucks at my nerves like a lost thought.

A memory? Or a dream – recurring so often at one time that it has taken its place alongside all the other stories that explain us.

I save what I've written and shuffle stiffly over to the window. The puffy white sky reflects the blanket of snow that drapes the square, softening and blurring the shapes of things – trees, cars, railings. It's been snowing all day, the heaviest snowfall since the winter of my birth, when – as my mother told it – it was difficult to keep a baby warm in the draughty rooms of our house in Hampstead, with gas fires that barely took the chill off.

In the childhood of my memory snow came every winter. Waking to the blanched light and muffled sounds that told of a snowfall over night, I would run to the window and marvel at the transformed world outside, eager for the pleasures to come, the dry smell of it and the smooth perfection that awaited spoiling with the first imprint of my booted feet. An early memory: I'm sitting in front of my father on a sledge, and his arms are round me. As we toboggan ever faster down the steep gradient of our street I feel an intense, ecstatic joy.

I also remember a snowstorm: I sat in the back of the car beside Hugo, and the snow whirled furiously all around us. I was excited until something changed, I felt a tension in my parents, and then the spinning flakes ceased to be a thrill, and my excitement slipped into fear.

My mother, the driver in the family, was hunched over the wheel, peering through the windscreen in an attempt to see out. My father studied a map, a rustling sheet on his lap, but then threw up his hands in frustration and muttered: 'Next to useless.' And started telling my mother what to do as the car began to slide and slip.

'I can't ... ,' she said.

'Can't what?' Hugo struggled to get out of his harness. 'Can't what?'

'Quiet,' snapped my father.

And then I knew what, because the car came to a shuddering stop as it banged against another. The first suggestion that my parents weren't omnipotent, that things could go wrong in ways that were beyond their control.

The dog was tied up outside the supermarket; it barked with the desperation of a creature abandoned. I offered it comfort, distraction, but it hardly drew breath before resuming its howling. As I retreated I thought of my mother, a dog-lover, and found myself struggling to hold back my tears. She comes to mind too in the early morning, when I often wake myself with a shouted injunction like 'Don't do it!' 'Help!' 'Get out!' And the tears spill over. Left to themselves, my sobs would erupt in a wail, but I think of Victor and the sleeping neighbour in the flat above and fix my face in what feels like a mask of mourning, my mouth wide open, lips pulled back from my teeth as if I'm snarling, and I emit only a strangled whine. I'm stricken by grief – that's what it amounts to – but why? Do I cry for my mother? For myself?

She died thirty years ago, at the age I am now; perhaps that's what disturbs me, the superstitious belief that I might not live much longer than she did.

A YOUNG WOMAN VISITED US, Victor and me. She brought a baby with her, a little boy, still at the breast. How he sucked! Great gulping sounds, and then he'd break off, distracted, only to return after a moment with renewed vigour. His mother followed his cues, offering her breast when he wanted to suck, withdrawing when he'd had enough. He owned those breasts, hitting them and biting them, and grabbing at them; he did as he wanted with them. I too had fed at my mother's breast but something had compromised our intimacy.

In photographs she holds me away from her body, at a distance and a little stiffly, as if offering me to the camera. Or I sit upright on her lap and she regards me with an expression that's quizzical, un-illusioned. Contrast this with how her arms envelop my brother Hugo, and how she meets his gaze, in a reverie of love. There's nothing I want more than to be held in those arms, to meet that gaze; I gasp at the intensity of my desire. Perhaps in me she saw her own reflection, and didn't like the sight. Or is this to see it with the bias of a later resentment? I was a prickly baby, so much so that I would scream if an unknown face peered down at me in my cot. My mother's expression may be wary, knowing that the slightest wrong move would likely set me off.

Tragedy had attended her own birth, a second child, like me, but to a mother who survived for only ten days. No one spoke of her – my grandfather was said to be inconsolable – but certain facts her daughters knew: she was born in Dublin and named Peggy, she hoped to be a pianist, but died aged 26, leaving the baby Beatrice (my mother) and her sister Vera, who was then eighteen months old. They knew, too, what she looked like from a photograph that hung in their bedroom: a haze of dark hair, a smile that held something back, but a face too young to be marked by life, without presentiment.

Vera claimed to remember her.

'The sea's lapping at my feet and her skirt's blowing everywhere and I get caught in it and she bends down and disentangles me.'

'Don't tell it so quickly': Beatrice.

'Her face is upside down. She picks me up.'

'And then?'

'I can't remember.'

'I think it was Jess.'

'It wasn't.'

'You can't really remember. Who you think was her was Jess and I remember her too.'

Cousin Jess came from Ireland for Peggy's second confinement and stayed on after her death to care for the two little girls – until sacked, five years later, by their new stepmother. Jess claimed to be packing for a holiday at home in Dublin, but the tears in her eyes belied her story, and Vera, always the sharp one, began to suspect. When the cab came, Beatrice, highly strung and sensing disaster, threw herself down on the hall floor and, screaming all the while, banged her head again and again on the door mat. Thus she missed the actual leave-taking that was no such thing. Jess, herself distraught (sobbing, according to Vera), left without saying goodbye.

'I'll never forget it.' Vera warmed to her story. 'Jess stumbled down the steps and dashed into the car. I ran after her, tried to get in too – '

'You didn't. You've never told me that before. I bet you're making it up.'

'I thought about it. But then I realised it wouldn't be fair to leave you behind.'

'I'd have had Daddy.'

'Daddy would have been devastated.'

'At your going away with Jess? No he wouldn't. He'd have laughed at your audacity and fetched you home.'

And then the aftermath, as I picture it: their stepmother (they learnt to call her Ma, to us grandchildren she was Nana), shaken perhaps by the storm of emotion she had unleashed, and not impervious, unusually sat with them at tea. Vera, pale, silent, unbending, declined a conciliatory offer of an extra slice of cake – but Beatrice, always willing to give a person the benefit of the doubt, and cleansed by her fit of hysterics, not to say greedy for cake, held out her plate gratefully, and ignored Vera's sharp kick on her ankle.

'She was always conscientious,' my mother would say of our Nana. 'She made sure we went to the dentist, that sort of thing, but she was a jealous woman and should never have been a second wife.' 'A stepmother has to love her stepchildren as her own.' Nana didn't, she loved only Marion – if 'love' was the word for the suffocating possessiveness that prevented her from seeing any wrong in her own daughter, made her deaf and blind to the love claims of her step-daughters. 'Spoilt,' my mother said of her half-sister Marion, 'but in a way she was as starved of decent mother's-love as we were.'

A photograph may show how it was between them – Vera and Beatrice, and Marion. They sit on a bench. Marion, on the right, is playing to the camera, laughing, squirming, full-face, while Beatrice, in the middle, leans slightly towards Vera, on the left, and away from Marion. The two older girls bend their heads to the side self-deprecatingly, and though they smile they do so in a way that holds something back, as if they've learnt to be wary of the world. Clothes also connect the older two: identical coats tied rather shapelessly at the waist, thick stockings, and laced-up walking shoes. Marion looks smartly dressed by comparison – her socks are taut, not wrinkled as the stockings of the other two are, the coat is tightly belted round the slim waist, a striped skirt visible below. Her blond hair is swept back from her face, helped by the wind. It's not a pretty face but it's lively, while the faces of the older girls are decent but dour. These two are unmistakably sisters: the same round faces, the same shadow of sadness. Marion doesn't look sad, she looks as if everything has always gone her way.

I'm seeing the photograph through the prism of my mother's grievance. But if Marion seems to be calling for attention, who does she want it from? Perhaps it hasn't dawned on her yet that the other two have punished her with exclusion, that she'll never broach the defences they've erected against her. No wonder that as soon as she can she will flee to America, bride of a US airman.

I SAT BESIDE MY MOTHER in the car and watched her face crumple, the fat tears begin to flow. That was before the accident and may have had something to do with how my father slammed the front door on our departing backs. I didn't see the cyclist emerge from a side road, but I saw my mother's doleful expression suddenly animated by alarm as she stamped on the brake. We lurched forwards, heard the thump – and my brothers, in the back, began to wail.

She got out and keeping the open car door between her and the cyclist peered down at him on the ground. 'Oh, have you hurt your poor leg?' The softly voiced inquiry seemed inappropriately restrained. Something more urgent would have suited the situation better. I worried too that the prostrated cyclist might object that it was my mother who had hurt his leg. But the policeman didn't think so. He was on her side, told her to go home and make herself a cup of tea.

And then it was the next day and we were convalescing in the garden when Nana suddenly appeared round the side of the house, an unexpected visitor. She came to comfort my mother who got up hesitantly, as if she was taken aback by Nana's arrival. She walked across the garden, and in her oddly bowed head I recognised the signs that she was crying. Nana took her by the arm and led her gently into the house.

My mother wept for the love that, unfettered by history and flaws in character, might have burgeoned between them. She remembered how as a child she would knock on Nana's door and if she was in the mood Nana might tell her things, but only if Marion was out of the way. Favourites may insist on their privileges but they aren't always kind to those who favour them – Vera to Beatrice no less than Marion to her mother. Beatrice learnt to keep quiet about these times with Nana. Vera, who directed her daughterly feelings only to their father, saw them as a betrayal. She called them crumbs of comfort. But Beatrice wouldn't give them up.

In my mother's opinion I had the best of Nana. She called me her pin-up girl. Sometimes I try to conjure her – a commanding presence, a deep voice and hoot of laughter, and the smell of her rose-scented powder. We would sit, one on either side of the fire in the parlour off the hall in her house, Nana in her wing-backed chair, me on the couch opposite, sipping our evening drinks (mine ginger ale, hers whisky) and talking – but then she fades like a ghost in a thick grey miasma.

One time, Nana had been quiet, somehow dejected or distracted. She'd remarked several times on the oppressive greyness of those February days which seemed to last for ever. 'The worst month,' she said. 'How I hate February.'

'Sometimes it's like spring.'

'A false spring. Don't let it fool you.'

I didn't know this tone of hers – bitter, scornful of herself, as if she'd been taken in by false springs and the cost was great.

'Not that I blame the weather.'

I waited, not liking to ask what or who she blamed, or for what, watching as she stared into the fire until, as if to herself, she said: 'There's no denying the date' – and explained how she had lost her fiancé in the first war, in the cruel false spring of 1917.

Friends had counselled her against marriage to my grandfather. But what they saw as an impediment – his evident grief for the mother of his little girls – she saw as their common ground. And there weren't many suitors. How could there be? – after the slaughter of young men in that war.

My mother told me that when my grandfather came to inspect me shortly after my birth, he took out his pocket watch, opened up the back, where he kept a photograph of his first wife Peggy. He held it against my face, hoping to see her likeness in me, his (and her) first grand-daughter. He did this in the presence of Nana, whose face could never match up with mine (even if it was possible to see Peggy's angular beauty in a baby's podgy creases), thus underlining her second-bestness. Neither he, it seems, nor my mother in the telling, gave any thought to Nana. Nor did anyone think of me, implicated within days of my birth in the family drama. Did I sense my grandfather's disappointed grimace as he snapped shut the back of the pocket watch? – which was registered, my mother said, both the grimace and the snap, by Nana with an uncontrolled jerk of her head.

Such stories formed my imaginative landscape; my own experiences paled before my mother's. But I loved her recitations, the intimacy of her confidences, when our feelings for each other felt strong and true.

We were travelling on a train once, sitting side by side in a compartment that was empty except for a man sitting in the far corner seat with a file of papers. Every so often he would look up and stare at my mother as she spoke, compulsively, of her childhood, unaware of everything in the present, even me her daughter who sat beside her as her sounding board. I was often on the verge of tears – would feel them welling up, and put on my glasses to hide my emotion from our fellow traveller.

I remember very little of my mother's outpourings, though I suspect that much of what I know of her first years I learnt then: Nana's severity, particularly to Vera, so special to their father; Nana's favouring Marion; the silence that reigned on the subject of Vera and Beatrice's true mother Peggy; my grandfather's unassuaged grief, his infidelities, and Nana's unhappinesses, her crush on the family doctor – my mother said what she had to relate with a monotonous, hypnotic insistence, as if she was expelling demons, but knew not that she did so.

ON THE TUBE ONE DAY I watched a little girl sitting on her father's lap. Kissing and stroking his cheek, whispering in his ear, she was all over him, and turned her back on her mother when she addressed them from across the aisle. The father responded kindly to the child, also to her mother, who remained steadfast in the face of her young daughter's display of rivalry, took her hand quite naturally when they got up to leave the train.

I remembered a winter evening after tea, in the Hampstead house. I was loitering in the hall with my younger brother Simon. The drawing-room door was ajar and we could hear our parents talking. I don't think we were eavesdropping exactly – Simon sat astride a tricycle, and I watched him – but we both overheard my mother's complaint: 'You make such a fuss of Lin.' And my father's protesting reply: 'What's wrong with that? She's my daughter.' Simon laughed in an exaggerated way, and I joined in, knowing that I also sounded false as I tried to disguise my feelings of shame. Shame and guilt. It was as if I'd been caught out by my mother in an ugly act. I didn't know what that act could possibly be, but clearly I had hurt her.

When, now, I try to recall what may have preceded that exchange, I can dimly picture myself sitting on my father's knee, at the centre of his attention. I may have been 5 or 6 – it's possible that what I'm remembering here is an early memory rather than the scene itself. My brothers are both present as well as my mother; perhaps we're having tea in front of the drawing-room fire. A man of warm feeling, he was stroking my cheek and teasing me, and I knew I was becoming over-excited.

As I got older, my mother would sometimes find fault with me, objecting to my demeanour, to what she saw as my supercilious attitude. Sometimes she announced to my brothers that I was to be sent to Coventry, for a crime that wasn't always made clear. Later still, she would push me forward to take her place as my father's companion at events she didn't want to attend. She said it was my duty to support him – as if she, his wife, had no such obligation. There was an office party, and visits to the theatre. I also remember being alone with him in a restaurant, I've forgotten why. A band was playing and he persuaded me to dance. I felt embarrassed by the way people smiled at us, at the touching sight of a middle-aged man dancing a waltz with his young daughter – also by the thought that some must surely have thought it odd, as I did, and would have looked at us askance.

He took me once to the village where his grandmother had lived, and where he'd been happy as a boy. I remember a broad, sloping green and picturesque cottages round it. And a picnic by a stream. A perfect June day and a shady meadow and cows across the water munching the long grass. My father put a bottle of beer in the stream, balancing it between two stones, to keep it cool.

We sat by the stream and ate our picnic and talked of this and that, so easily in those days. And when we'd eaten he said, 'Let's have a snooze,' and he lay down on the grass. 'Rest your head here,' he said, in an uprush of feeling I think, nothing more, and so as not to break the spell I rested my head where he asked, on his belly, and we lay there looking up at the leaves fluttering and rustling as if whispering to one another. I felt awkward, wanting to get up but not wanting to offend him, and all the time he lay quietly content, his head on his crossed arms – until the sound of glass against stone allowed me to jump up and save his beer.

My mother greeted us resentfully when we got back, said she felt like the *au pair*, left behind to keep an eye on the other children.

Then, one day, I sat beside him in the car – wearing my best dress – and my mother stood at the open window on my side and, shouting across me at my father, told him she was going to divorce him. I felt implicated, if only by dint of being in the car with him and going somewhere in a red dress, in which he'd told me I looked pretty, rather than on the pavement with my mother who was going nowhere, and had given up on best dresses and compliments from my father. I think it was then that I decided to hide my love for him. It seemed the only way out, to stop my mother's jealousy, to heal their rift, but instead it brought complaints from my father, who called me cold and sulky.

Lying on my bed, scrunched up tight in a ball, I hugged myself for comfort. I cried for hours. No one came, as I hoped they would, mother or father, to find me and to break our silence.

'Clown,' I whispered to myself, 'you clown.' And then: 'Poor clown, poor clown, poor poor clown.'

Hugo says he holds nothing against our parents, they had their frailties but he understands how they came by them, they did the best they could, and ours had been a happy childhood. 'There were many happinesses,' he said, 'many kindnesses' – and he began to list the picnics and birthday parties, the Christmas stockings and seaside holidays. 'But that isn't what you mean,' he said, catching a sceptical look on my face.

Did he remember, I asked him, that time we were all in the car? Unusually, our father was at the wheel, my mother next to him, and the three children behind. Our parents were arguing, about the route perhaps, or my father's erratic driving, which my mother, always very nervous and managing in the passenger's seat, never hesitated to criticise. At a certain point my father, exasperated and angry, lashed out at her, hitting her above the eye with his fist. After a moment's shocked silence, she started to cry.

Yes, Hugo said, he did remember; also how later she supplied us with an explanation for her black eye: 'I walked into a door': said firmly, as if she could wipe out memory by a tone of voice.

My father's attacks of rage were startling in a man

of such loving kindness. Perhaps his anger had something to do with the war, that as a pilot he had dropped bombs on the Japanese occupiers of Burmese villages and presumably on the people who lived in them too. And though he found a way to do it, sooner or later he'd have had to think about it. Perhaps he didn't share my mother's view, that they'd been blessed by a special grace. He'd survived the war and she hadn't expected him to, the odds were against it, a pilot's survival. Perhaps he began to question the justice of it. And just as my mother ceased to recognise the young man she had marked out on a troopship – straining to read Herodotus under a poor light amidst a mob of soldiers – so too did my father lose sight of the self he believed to be true, burdened as he was by memories and the need to earn a living for his family.

There came a time when, if they spoke at all, my parents were bound to quarrel. Mostly they played out their enmity at the ritual of Sunday lunch. A joint of meat was always on the menu, and pudding, which my mother spent the morning preparing. Only my father and Hugo were interested in the food. Simon was a vegetarian, and I was too nervous to notice what I was swallowing, while my mother, having prepared the meal, was probably tempted to take a sandwich up to her room. But, as it was, she sat down, and my father carved. He found fault with her cooking – she tended to overcook, and burnt things. Then there was the absence more often than not of what my father regarded as essential condiments. Lamb was inedible without redcurrant jelly and mint sauce; pork must have apple sauce; beef, horseradish. And rice pudding needed raspberry jam. My mother couldn't see the point, unless she was simply registering rebellion against my father's absurdly exacting requirements. In any case these banalities triggered other clashes. Her superior class and wealth often came up between them, but the fact was they had come to disappoint one another and themselves.

My task as I saw it was to deflect them with conversation, being careful not to make cultural or intellectual references that would bore my mother, which meant thwarting my father's tendency to address all his remarks to me. The vigilance required to distract them was a matter of juggling, keeping the balls in play with each so they couldn't sabotage one another's conversation. But if people are intent on fighting, they can't be stopped, and sooner or later defeated I would drop my mask and retreat into silence as my mother fled the room in tears. My father, head down, would grimly finish his meal before also retreating to his room. Hugo and Simon sloped off somewhere. We were all too ashamed to look one another in the eye.

IN NANA'S ROOM the bed was stripped and the windows were wide open as if she had flown away. A baby cried. I looked out and saw in the garden next door a woman on a swing trying to pacify a child in arms. I watched them, aware that I too ought to weep, for Nana, who lay dying in the hospital, and wondered that I didn't, that however sad I didn't just burst into tears as the baby did.

I lay down on the bare mattress to await aunt Marion – I'd been assigned to greet her on her arrival from America. As I dozed, voices came to me, the sounds of children at play, as had happened to me before in that house, Nana's, and my mother's home as a child:

'I'm Beatrice Todd. Tell me I'm going to be a pianist like my mother.'

'That won't work. You're doing it wrong. You mustn't want anything. You've got to be neutral.'

'Please tell me I'm going to be a pianist.'

'No. Tell me what I'm going to be.'

'Nothing's happening.'

'It's your fault. You did it wrong.'

'I don't believe in it anyway. I don't need anyone to tell me I'm going to be a pianist. I am one.'

'You'll never be allowed. Oh look who's here. What do you want, Marion?'

'I don't have to want anything. I live here. What are you doing?'

'Clearing up the cards': Beatrice.

'You've been talking to the spirits. Does Ma know?'

'Tell-tale tit': Vera.

Soon I got up and wandered downstairs. In the drawing room I approached the piano my mother had once played. The mechanism for altering the height of the stool had broken many years before, and because her father and Nana had felt that to mend the stool would be to overvalue her playing, she had always sat on a pile of music. I turned the pages of some Bach propped on the music stand and thought of my mother's dashed dreams.

I switched on the television and watched a news report from Paris. Students had constructed 60 barricades around the rue Gay-Lussac, holding the Latin Quarter for several hours against the police with their clubs and tear gas. May 1968. A student leader explained that their revolution invited everyone to stop being onlookers and to release their own creativity. 'Who wants to do boring work just to earn a rotten living?' 'Down with work!' he cried, suddenly raising his voice. 'Free the passions!' 'Live without wasted time!'

I would have done well to pay attention, but at that time my heart and mind were engaged elsewhere, for it was then that I held an almost nightly vigil outside a house in Cambridge Gardens, a street, with its peeling stucco and reek of cats, that I would for ever after associate with a state of despair pierced by moments of ecstasy, that particular mood of spring and youth, febrile yet torpid, and directionless. That was a time, apparently, when I had nothing better to do with the hours of twilight than stand and wait under a tree, watching the house, and hearing the rumble of tube trains, above ground at that point, as they left or entered Ladbroke Grove station.

Gough, my college tutor, lived in the house. I'd seen him once, when he appeared at the bay window with a book in his hands and peered out as if he was expecting someone. When he glanced in my direction I jumped like a hare – but he didn't see me in the shadow of the tree, and turned back into the room and was lost to view.

I thought I hoped to see him again, even to speak to him, but every time it was a relief that I didn't, as if I knew that no dream of perfect love could possibly come true from such a shaming encounter.

I began to sing. On the landing above the hall, for no particular reason, because it wasn't my birthday, I sang 'Happy Birthday' to myself. When I reached the final 'dear Lin' I launched my voice into a descant to execute many exaggerated trills. And when I'd finished I bowed deeply as if to an audience that had assembled below at the first sound of my voice and as I finished broke spontaneously into applause.

The sound of a scuffle on the front steps alerted me to the arrival of Marion. She immediately seemed to fill the house with her brittle, restless presence, whipping up its gentle currents so that I too felt jangled and displaced.

'Where is everyone?'

'They're at the hospital.'

'And left you on your own?' Marion embraced me and murmured, 'Oh poor dear Lin – and poor Ma.'

She wept lightly for a moment, her head on my shoulder. Then she seemed to give herself a shake. 'No good blubbing,' and blew her nose. She made a pirouette round the hall and into the parlour, where she switched on the light and, standing at the door, said: 'Whatever happened to my Dresden lady?'

The Dresden lady: a porcelain shepherdess that always stood on Nana's mantelpiece. I remembered a recent conversation between my mother and her sister Vera –

'She wants it,' Vera reported.

'Well, can't she have it?'

'Of course she can't,' Vera said. 'It's mine' –

I didn't know what reply to give to Marion's question and fortunately she answered it herself: 'Vera has taken it. She's always had her eye on it, but only because I loved it, and it was my mother's and was always going to be mine.' Marion's voice rose high and screechy; I heard the emphasis in '*my* mother', the possession her sisters couldn't forgive her for.

'I HATE HIM, I HATE HIM, I HATE HIM.' I swigged back the final dregs of wine in my glass and contemplated the coils of slimy spaghetti congealed on my plate with blobs of winter nitrate lettuce, my nightly fare, picked up at the shop round the corner from the house I lodged in, in Bayswater. Sometimes it seemed like love. I tried it out: 'I love him' – and would have liked to turn the table over, cast the disgusting remains of my meal across the room.

Instead I sat down at my desk and reached for pen and paper. *Dear Adrian* – I wrote – *From the day we first met I felt an unusual* – I paused – *regard* – I struck out *regard*, tried *affection*, struck that out and tried *regard* again – *regard for you. That's why it's particularly painful to have to explain* – I struck out *explain* – wrote *announce* – and paused. 'Announce what?' I said out loud. *My despair, disregard, engagement, love*, no, not *love*, *my vulnerability, I have to announce*, no, *warn* – or *inform* – *I have to inform you that I find your behaviour objectionable and attach no importance whatsoever to your little acts of flirtatiousness.*

Oh, but I did. I loved him. But I also hated him – and wanted to kneel astride him and fuck him hard.

I worked for Adrian at a publisher's office in Harrow. From the beginning, even at my interview, his manner implied a flattering but dangerous collusion which made me hesitate to take the job. Was it the familiarity of his teasing tone (so like my father's)? Or perhaps the presence of a pale, unsmiling woman with carroty hair, called Susan, who sat at a desk next to his, like a gatekeeper, watching us sardonically and smoking.

I was told that Adrian had taken up with Susan after his marriage failed. Someone in the office knew his wife. 'She had intellectual interests but left him.' That's how this person put it – he liked her seriousness but then she did this stupid thing of leaving Adrian. I too thought it was a stupid thing to do, though I would come to understand it only too well – how he got under one's skin and manipulated one's feelings, seemed to promise everything and never followed through.

I've questioned myself closely about my own behaviour. Did I respond to his suggestiveness? Did I even provoke him? – *was I culpable?* Or did he flirt with every woman he encountered, which Susan's air of indulgent martyrdom suggested? Was

I special, in other words, as I came to believe, or just another object in the service of his vanity?

And what was I to make of his insinuations? Did he think I didn't notice how he caused me to brush his hand when he passed me something? In my nervousness, my hand shook and when it touched his he snatched it away as if I was about to jump on him. And when he came over to my desk to say something he stood too close, intruding into my space, so that I was forced to push back my chair out of the way. He liked too to fix his gaze on my breast or knee just long enough for me to register it. And he did these things only in the office, where the presence of others forestalled any possibility of a declaration. In more appropriate settings he ignored me. At an office party, for instance, when we might have talked, he didn't even catch my eye. It was as if he denied the conclusion everything in his behaviour at the office was bound to suggest. His seduction seemed to have no other aim but to enslave me.

I crumpled up my letter to Adrian and threw it across the room in the direction of the waste-paper basket. I took another piece and wrote to my brother. *Dear Simon It's late after a hard day and I won't say much, just that I'm sorry not to have come to see you off to Australia but it's impossible to take leave from work just now, or even if it isn't, I seem unable to drag myself away. I hope you had a safe journey. Love from Lin.* I read it through and changed *safe journey* to *propitious arrival*. Even I, with thought for little else besides my own petty concerns, would probably have noticed the headlines reporting a plane crash. Or my mother would have phoned me at work – I imagined her hysterical tears and then my father's voice as he took the phone and said calmly, wearily that Simon's plane had gone down. I felt tears in my eyes, but quickly shook my head – no nonsense – and addressed an envelope.

Working lovingly, slavishly for Adrian, I lived for moments when, as we pored over a text, I believed that he loved me as I loved him and was for some reason biding his time before declaring himself. I didn't consider his apparent commitment to Susan; she was not, to my deluded eye, a serious rival.

Then, one Saturday morning, on the way to work, I encountered a young girl weeping in a doorway in

Praed Street. I took her to a café; she ate a huge breakfast and told me her story. She was 16, from Bournemouth, and running away from a boyfriend who abused her (she showed me burn marks on her arms). She had a baby, looked after by her mother, who had herself been a single parent. Natalie – that was her name – had a girlfriend in London who had offered to put her up. At the prospect of a new adventure she forgot her sadness and brightened up, eager to find her friend. After she'd gone I resumed my journey to work but suddenly it seemed absurd to go to the office on a Saturday, when I didn't have to, and I turned back. It was as if Natalie had enabled me to breech my own subjection – to the extent that a few days later I gave in my notice to Adrian.

He took me out to dinner to talk me out of it – without much difficulty. We went to a restaurant owned by some friends of his, and I had the feeling he was using me to make a point – here he was, still capable of attracting a younger woman. He said nothing personal to me, about his circumstances, about his wife or Susan. It was a very ambiguous occasion, and I didn't know where I stood. He was worried about finishing the project and asked me to stay six months longer. It seemed mean and unsatisfactory not to agree, and intolerably sad. He drove me home afterwards and when he got out of the car to say goodbye he put out an arm to me and I dodged it. He was untouchable, it seemed, except in my imaginings of our passion, no longer fantasies of angry, aggressive sex but of gentle nibbling little kisses and deep, tender embraces, our hearts full of love.

It was around that time that Victor, a childhood friend of my older brother Hugo, sent me one of his occasional cards. *Dear Lin*, he wrote, *Please forgive my silence. Perhaps I should have written to explain. I felt, like Parsifal, I'd failed to ask the Questions – and somehow felt acutely uncomfortable and shifty in your presence even while liking you and respecting you very much. And then everything became so terribly hurried and demanding, so that only the firmest, oldest, most urgent friendships got cultivated. Now things are quieter again. Perhaps we'd better meet initially not tête-à-tête. Victor*

He was referring to the most recent of our persistent but inconclusive attempts to see through our long-term interest in one another. I can't remember how I responded but I must have suggested a meeting, though my heart wasn't in it, since this was his reply: *Dear Lin Just in case I fail to reach you by phone I'm afraid Saturday is impossible. Often it's a difficult day for me since it can be complicated by getting down here on a Sunday, and Monday is my main lecturing day. I leave for Africa early next month. Looking forward to seeing you when I return. Victor* – followed a few months later by: *Dear Lin I'm now in the second month of this adventure. Let's hope to meet next year. Victor*

For a time my hopes that Adrian reciprocated my love were rekindled, and I was able to bury my insight that what I thought I wanted could and would never happen. But the sense of hopelessness returned, and with it the desolation that followed from what felt like a rejection of my finest feelings. Eventually, buried in some deep internal place, I found the spirit to save myself, and left Adrian. This time he didn't try to dissuade me but took me out for a farewell lunch.

I couldn't eat anything. When I tried to swallow a morsel of food it stuck in my gullet. It seemed important to tell him at last that I loved him. Somehow I had to speak the words, and I managed it, I got them out. He said he had wondered, and that he 'admired' me, but he was seeing someone else as well as Susan, and any other attachment was out of the question. He was sad and regretful but also, in his own eyes, blameless: he reminded me of the time we'd had dinner together, how he had reached out to me and I had flinched. As if my coldness then had sealed my fate.

Afterwards I walked to the station and was assailed by the finality of what I'd done. It was like a death. As if he had died. I couldn't bring myself to get on a train that would take me away from him, finally, for ever. I walked back in the direction of the office, but didn't go in. I walked in the streets, I don't know for how long, but at last I left. Already I was composing the letter I would write in hope of changing his mind, so that he would come to acknowledge his love for me and there'd be an end to my unbearable feelings of loss.

A couple of years later I saw him in the street. He

was hurrying, as if he was late for an appointment, and as he walked he ran a comb through his hair in a familiar gesture. I didn't hail him because I didn't feel able then to give a good account of myself. I never saw him again, but someone I knew in those days wrote in a Christmas card that he'd met Adrian somewhere and he'd asked for news of me. I hadn't heard from this former colleague for many years, and I didn't hear again, and I wondered why he had bothered to relay what was no more than a passing enquiry.

Whenever I visited my parents in those years, the Adrian years, I felt like a criminal compelled to return to the scene of her crime. I couldn't keep away from a situation that had formed, and distorted, me. My father seemed remote, and if I joined them for supper he would swallow down his food and as soon as he'd finished go to his room. My mother and I, drinking too much wine, sat on. I spoke little, torn between feelings of guilt, believing I must make amends to her, and anger because I'd suffered at her hands. Perhaps the habit of silence, which was ingrained in me, had even become a revenge – for she longed to be the recipient of my secrets.

Instead we spoke of Simon. She worried about his welfare, imagining what could go wrong in Australia – all the more since he rarely replied to our letters, which we posted rather as one might cast a message in a bottle into the sea, to whomever it may concern.

My mother was also troubled by a bad internal pain. She found it difficult to get comfortable – even writing was painful, and the worst thing of all was walking her three dogs, though it was as if they knew she was hurt, she said, and tried not to pull on their leads.

In a touching photograph of my mother as a child she crouches beside her dog, her hands cupping his face, and looks deeply and adoringly into his eyes. After her children left home she transferred her affections back to her dogs – her first love, and her last.

My father bought Algie after the family dog died, to soften the blow for my mother. But Algie attached himself to my father, and it wasn't long before my mother went to the dogs' home and came back with Freddie. The adoption, as my mother called it, of a mongrel looked like a reproach to my father – for buying a dog, and for buying one that liked him more than her. She wouldn't dream, she said, of buying a pedigree dog when the world was full of abandoned, unloved dogs like Freddie – who could only be seen as a judgement on my father and the perfectly bred Algie.

Next, my mother acquired Zanzibar, and my father retreated in defeat to his room, abandoning Algie in the process. It was as if by bringing a third dog into the house my mother upset their uneasy balance. Algie, Freddie, Zanzie became, all three, my mother's dogs, though Algie's position was always vulnerable and insufficiently protected. Poor Algie would sometimes be found at my father's closed door, sitting like a sentinel, as if guarding him against the others' predations, or perhaps pathetically hoping to be let into safety by his erstwhile master. I too sometimes felt I'd been delivered by my father into my mother's erratic possession.

But I felt her poignancy too. I remember a remark she once made about playing the piano: 'I don't know what I do it for' – and I felt the anguish that would have given rise to her self-questioning. As if activities had to have a point, a usefulness, and what was the good in playing the piano if one didn't give other people pleasure or instruction? That one might do something just because one enjoyed it was a difficult idea for my mother to accept. Perhaps she kept dogs because they had to be cared for and sustained; they gave her something useful to do as playing the piano or even practising the piano did not.

At the start of her illness my father walked the dogs, but as the weeks passed he would just open the back door to let them roam in the garden. So Hugo and I took it in turns to walk them. On my first outing, their leads became entangled in one another and in my hands and round my legs, and it took twenty minutes when it should have taken five to get along the street and across the main road into the park. As we crossed the road, one of the dogs, poor old Algie, stopped to sniff a clump in the zebra crossing and an approaching motorist had to slam on his breaks to avoid running us all down. Then it was the usual nightmare of getting the dogs to follow me once they'd been let off their leads, and attaching them again when it was time to go home. After that I walked the dogs up and down the street rather than in the park and, as if to punish me, they peed and shat on the pavement or against people's cars instead of neatly in the gutter.

I SWITCHED OFF THE ENGINE and my father clambered out, gingerly straightening his back, which always troubled him on a long car journey. He walked round to my mother's door to give her a hand. Neither of them drove anymore, my father having acknowledged at last that he was dangerous behind a wheel, and my mother because she was poorly. The treatment had made an old woman of her, not in the face but in her tottering, shuffling body, in her querulous voice and tearfulness. Sitting beside me on the journey to Frinton, from time to time she wept. And when my father reached forward from the back and clasped her shoulder she shrugged him off, as if he was the last person with the right to console her. I sensed his shrinking into the corner of his seat and in the mirror saw him purse his lips to suppress a hurt or an irritable retort. But perhaps it wasn't my father she shrugged off but the tears, which came for no particular reason and of their own accord, a side-effect of illness. I prayed she would take his proffered arm, and not brush him off again. And she did, grasping it with both hands.

She stood for a moment, looking at the house, lent

by a friend, as if it might offer salvation. Our eyes, my father's and mine, followed her gaze expectantly.

'All I need,' she said, 'is a lungful of sea air.'

I placed a deckchair beneath an apple tree where she might rest, lulled by the greenish light and the distant sounds of the beach – children calling and the rhythmic clatter of pebbles dragged by the sea. 'Didn't I say?' she asked as my father draped a shawl over her knees. 'The sea will do the trick.' There was nothing else she wanted but to lie under a tree, with the prospect of a gentle stroll to the beach.

It couldn't be said that we strolled down to the front next morning because my mother was frail and clung to me. I felt awkward, so long was it since I'd held her, or she had held me. But when we reached a bench overlooking the sea and I let go of her, I felt the loss. She sat on the cushion I'd carried for her and in spite of the sun drew her linen coat close. She was more than usually tired from the journey and a night in a strange bed.

She closed her eyes and lifted her face to the sun. I thought how like a child she looked. But then she seemed to age, as if her whole life, decade by decade, was playing itself out across her features, which blurred and drooped and spread as the years rolled by.

We ate lunch in the garden, at a table on the patio. My mother still loved her food. She told the old story of how her nanny had said she was so greedy she'd be eating a banquet on her death bed. It seemed to be so.

I found being with them both the usual strain. My father told us about the book he was reading and I listened and then questioned him. My mother, bored, started asking me questions about my life. He talked on regardless, asking me whether I knew the work of the poet who was the subject of the book. I said I didn't, smiling at my mother and then at my father, saying something to one and then to the other, and in the end my father got up and left the table.

My mother rested in the garden after lunch. My father and I read in our rooms. At teatime, I wandered through the darkened house, curtained against the heat of the sun. I stepped out through the French windows and on to the patio and blinked in the sudden glare of white light. My mother called to me. 'I'd forgotten you were here, then I heard your step. What a joy!' Her voice trembled on the verge of tears and my eyes flooded, but then she stiffened, remembering that she had to be brave, we all had to be brave and pretend, each for the sake of the others.

'I've got a plan,' she confided, her face round and smooth as a girl's, her blue eyes bright. She had always loved a project, and would throw herself into it regardless of anyone who stood in her way. 'Don't tell your father,' she whispered, 'I haven't mentioned it to him yet.'

She had decided to move house. 'Not now. When I'm better. Next spring I should think.' She wanted a view of the river. Chiswick perhaps or Hammersmith, not Barnes, she'd never liked south of the Thames, which reminded her of a childhood agony, returning from a weekend in the country with her father and sister, the endless drive through the suburbs, feelings of dread growing all the time until they crossed Chelsea Bridge, when a sense of resignation set in. To what? To their stepmother's chilly domain.

'Something easy to run.' Housework was a thing of the past. 'When I think of all the yellow dusters I've washed and hung out on the line. Do you know, in the hospital the cleaners used disposable wipes. Just threw them away. Yes, a small modern flat. With a view of the river.'

Later, I watched from the living-room window as she set out with my father on a little stroll. He had an arm round her, and her coat was ruffled where he clasped her hip. They walked very slowly, heads together. My father raised an arm to gesture at something and they stopped. My mother laughed. She took his arm, and they walked on, companionable and resolute. I felt a moment's anguish at my exclusion and almost called after them to take me too. But then an image came to me of wide vistas opening up before me, a vision of distant horizons and boundless skies. It seemed to me then that I would never understand all the peculiar ambivalences, the hatred and love, the pain and grief that lay between them. It was their story, not mine – and there was some relief in that conclusion; I felt returned to myself, a free agent. But I also felt bereft, as if the veil protecting me from a full view of our reality had been cruelly snatched away.

My father and I planned her funeral. Sitting side by side at the dining-room table, we arranged the details of her cremation. It was as if I had triumphed. And in the evening after the funeral, which was like a party, I might have been celebrating my triumph. But I felt neither triumphant nor celebratory.

Hugo and a cousin were talking as I cut up the pizza. My father, who had broken down at the ceremony, was calm now, half listening to them as he poured some wine, good wine, to add to the party feeling. They were talking about the Falklands. I felt uneasy because I knew it would remind my father, that talk, as it reminded me, how much the war upset her. In fact, in my view, it killed her. Among other things, I dare say, and everyone's got their opinion – too much wine, not enough carrots – but I think, more than anything it was the Falklands war, and whatever it was that the war meant to her, the absence that was almost a loss of a son perhaps. Of Simon. Was it that?

She talked of little else at the time, not only at home so my father became irritated, but in the street to strangers. She'd collar people in queues to tell them how appalled she was, how outraged they should be, at another war, so irresponsibly engaged in, as if the men were just there for the killing, as if the world war, which she'd been through, had medals to prove it, could so easily be forgotten. She was accused of betrayal, but would have brought a few round. When it was all over, she told me, she stood in Hyde Park and watched the victory planes roar overhead, heard the searing whine she hoped she'd never hear again, the sound that marked her wartime dreams of my father's death, and poisoned her, I think.

DEAR LIN Thank you for your vivid letter. I have an exhibition opening in two weeks; and this house has been sold, so I'm looking for somewhere to live/work in London. I feel I've been sleep-walking these past years, in a positive and necessary direction, but oblivious to the passage of time. I still feel adolescent and immortal, though already one-third grey-haired. Hope we meet. Victor

Finally we did meet, at an exhibition of images of love. We sat on a bench looking at the 'ill-favoured' couples of Stanley Spencer, and recognised some possibility for ourselves in their blissful domestic intimacy. They stood naked, toasting bread at a gas fire, which illuminated the man's genitals and the woman's flame of red pubic hair; or they sat side by side on a pair of lavatories, pants round their ankles like children, and she peered at his splendid erection. Most famously they lay on a tiger-skin rug, staring into one another's eyes, the animal's head between theirs, a squashed and astonished witness to a devotion that was ridiculous and yet true. These couples might be awkward and odd, even ugly, with their bellies and pitted, crepe-like skin, but they'd found love against all expectations and revelled in their good fortune.

I remember exactly the moment I made the leap of faith to commit myself to Victor. A grim November Sunday, and we had just parted to go back to our work. It had been a vexed meeting because Victor had begun to feel our love as a trap and wanted to delay our plan to live together and possibly, it seemed to me, put it off altogether. I went into the tube and through the turnstile, and as I stepped on to the escalator it came to me that Victor was my life's love and I was his, whatever his shortcomings or mine, and if I trusted that knowledge, and stayed steady and sure, what I believed in would surely transpire.

I DECIDED TO VISIT MY AUNT MARION in Vermont. Hugo, who was a favourite of Marion's, encouraged me. He described her as 'sweet' and 'sad'. I said that even someone who loved her would not call her 'sweet'. Nor would they find her sad. But he insisted: he'd often felt her warmth, her poignancy. Hadn't I? It's true I had nothing to complain of, she'd never been anything but generous to me. So if not sweet or sad, he asked, what was she? I couldn't answer. A few adjectives came into my head – contentious, overbearing – but I couldn't cite any particular incidents, or if I could they sounded lame. Marion had a difficult reputation, and it was as if it had been so for such a long time that I took it for granted and had forgotten what it amounted to.

The weather was said to be mild for February, with only the occasional flurry of snow, but still it was cold. I noticed the garden door was open, and aunt Marion caught my glance. 'My visitors never stay long,' she said. 'It's too fresh for them.' She laughed, and I laughed too, and felt my face stick, frozen in a grin. She had always made a point of being amusing, but I wasn't fooled – two minutes into my visit and she was serving me notice.

As she prepared a celebratory lunch I sat huddled on the couch looking at the artefacts of her English childhood. Portraits of her mother and father, photographs of an uncle who drove carriage horses for sport, a framed certificate of the freedom of the City of London presented to her father, pieces of old-looking furniture, ornaments – 'loot' was what her sisters had called all this, what they saw as Marion's booty, sequestered over the years from the family home.

We ate the lobster rolls and drank the champagne. The talk was desultory. I felt a curious disjuncture between the forms of celebration, carefully adhered to, and the actuality of a glum family meeting. Marion didn't ask much, as if she wasn't very interested, as if her declared feelings of delight at my coming were only superficial. She's old, I said to myself, her sisters are dead, and England, the English relations, don't hold out much interest for her anymore. It only later occurred to me that she didn't ask questions because she didn't want to answer any, the questions I had crossed the Atlantic to ask, questions I could no longer formulate except crassly: how had it been for her in childhood? what was her version of events? had she been as unhappy as her sisters? Suddenly it seemed tasteless to question her – it was no business of mine.

She came up with some school stories, the usual tale of cold-water baths – in explanation of her bare feet, which she didn't cover even when she stepped out into the yard to call the cat. This was a Marion unfamiliar to me – bare feet, leggings, a sloppy sweater. She had always been famous among her English relations for her chic, symbol, with her three perfectly beautiful daughters, of the American dream.

After lunch we drove round the town. Marion told me some local gossip in between pointing out the picturesque clapboard houses. A fire had blighted one of them. The girlfriend of a friend's son had a fireman brother who'd been called out. She knew the people but hadn't phoned to offer them hospitality: 'They've got lots of friends with more space than I have.' The town was like a suburb, quiet and empty. There didn't seem to be a centre, where people filled the streets.

She dropped me off at my lodgings. Another clapboard house, and cold. I got under the blankets and wondered at the chill that gripped me.

In the morning, when she opened the door to me, I saw that she had softened – something had smoothed the lines on her face – as if she had thought better of her intransigence, and certain things could be said.

I asked about her leaving England. Hadn't it felt like a liberation? From the family, I implied, from constraints that would be released in a new country. That wasn't how she saw it, she said, she had nothing to free herself from, it was just that she met a man she wanted to marry, and he happened to be an American.

I asked what it meant to her that her sisters and she had different mothers, and she said she hadn't known until someone at school told her that Vera and Beatrice were her half-sisters, that her mother wasn't theirs. She was 11, and nothing had ever been said. Her parents didn't want her to claim any special privileges, she explained, as if she'd never been taxed with her sisters' view of it, that on the contrary she'd been showered with privileges, that she was the favoured child. She said her first thought had been that at last she knew the identity of the woman in the photograph that always hung strangely unremarked in her sisters' room.

Then, out of nowhere, came a question from long ago: 'Whatever happened to my Dresden lady?'

Once again she didn't seem to want an answer, as if it was enough to register her claim. Her husband Sam had bought her some other kind of figure in its place. 'He knew Vera would never give up my lady.'

Finally, she told me a story.

She remembered whiteness – white walls, white carpet, white cover on a huge double bed, and floating white curtains at a door ajar on what promised to be a balcony. Running across this white room, getting tangled in the gauzy hangings, but then she was out in the open air – sky and the tops of trees – and jumping up to lean over the wrought-iron railing. She looked down at miniature cars and people, surprised at how high she was above the street. A cab drew up, and a woman got out, looking up, not at Marion, but at a window below and along. Marion leant a little further, feeling the railing cutting into her hips, and saw the woman wave before paying off the taxi.

Then, a hand on her back, followed by a fierce tug at her skirt pulling her off the rail. She toppled when she landed, fell backwards, and looked up at her sisters: Vera pale and blank-faced, and Beatrice with that trembling look, about to dissolve into laughter or tears, one never knew which.

Vera, getting her colour back, shrugged, and then her friend who they were visiting came out on the balcony and said, 'So you found our view,' and prattled on, like an estate agent Vera would say in the car going home.

'What happened?' I asked.

'One of them pulled me off the railing, but it's only now occurred to me that the other was about to push me over.'

'Which one?'

But Marion just shrugged.

Not long ago I went to the cemetery where my mother was cremated; also Nana and my grandfather, and aunt Vera; and my father too. As I walked past the rows of headstones I thought of my mother, how her ashes had been scattered there almost thirty years ago, how we had arranged for a rosebush to be planted in her memory, also for a notice in a commemorative book which would be displayed every year on the anniversary of her death, but only for seven years. We could have paid for an extension, but we hadn't, and none of us had ever set eyes on the notice, or the bush, and now, all these years later, it wasn't my mother who brought me to the cemetery but Peggy, the grandmother we'd never known and from whose premature death so much followed on.

She first appears in the official records on 5 September 1917, when, in Bradfield, then in Oxfordshire, as the daughter of Samuel Morrison, she became the wife of John Todd. She was 24; he, 38. The births in Epping and in London of their two daughters are indexed, as is Peggy's death on 9 February 1920, but we've found no record of her birth in Ireland or anywhere else, nor any other trace of her. It's as if she didn't exist before her marriage and lived to give birth to her daughters. Hers was a life memorialised only in her husband's unspoken thoughts.

I found her grave. It was overgrown, and to read the headstone I had to tear off a tangled mass of vegetation. I learnt nothing we didn't already know except that the burial plot was a double one, and the pair lay empty, as if the grieving widower had planned to join his adored young wife in eternity, but in the event his wishes had been denied.

MY FATHER didn't consult us about moving but simply announced the fact one evening when we were assembled at the house for supper. Hugo, at his most pompous, wondered if he wasn't acting rashly. Better, he advised, to wait a year before making any life decisions. My father pounced on that.

'Life decisions!' he jeered. 'This isn't a life decision. I'm preparing for death.'

'Exactly.' Hugo turned harsh – and looked to me for confirmation; all I could think of was, 'But you've always loved London.'

'And now I'm returning, as old men should, to my roots. The Black Country.'

I wondered why it felt as if I'd been there before. Then I remembered the holiday house in Dorset we went to when we were very young children. It was the trees. Four tall trees that stood along the side of the lane opposite my father's cottage, just as at the Dorset house. Of course I thought that was why he chose it – because it reminded him of a past happiness, those summers in Dorset – but he denied it. He said he couldn't remember the trees as I did; the way they thrashed about in the wind, threatening to crash down on the roof of the house and smash us all to smithereens. 'It's quite different here,' he said, as if to reassure me.

There's a photo somewhere of Simon at that house in Dorset. He wears a girl's swimsuit like boys did then, and he's standing in the middle of a lawn with a flowerbed and an old wall behind him. He's grimacing ecstatically as my father points a water hose at him. You can't see my father, only his tensed hands grasping the hose, and what can be read into them? A touch of cruelty? – in his determination to finish the business of dowsing his son with ice-cold water.

I'd been made to understand that I'd be coming to an idyllic spot, the perfect place to finish my convalescence. He showed me round proudly, especially the garden, which was given over to vegetables. He picked up a fistful of earth and explained how he'd sifted all the stones out of it, and then he looked at me and laughed as if in answer to my incomprehension.

Home-grown vegetables had taken on a mystical dimension for my father. Digging them up was a ritual, conducted twice a day – at midday, after returning from his morning walk, and at 5.30, before supper. He cleaned and cooked them meticulously and then ate as if he were running late for his next appointment, stuffing carrots and potatoes into his mouth, apparently swallowing them whole. Followed by tea and cake.

The kitchen was the best room. Every morning I was glad to reach it, across the dim living-room, empty except for the television and two upright chairs. It was like a lean-to against the back of the house, a sloping roof and then mostly window – and it was often sunny in the mornings, when I took possession. 'All yours,' my father would say as he set out on his walk. Six or seven miles a day, so he was fitter, he said, than he'd ever been.

Every morning I drank my tea from my mother's breakfast cup, bought in a market in the south of France, and just one of the things she collected, that stood about the family house, objects I could list as in a game of Pelmanism: the china dog, the barometer in an elephant tusk, the chipped papier-mâché box, the bowl made of shells, the cut-glass decanter ... 'We'll need a bulldozer,' my father said, 'to remove them.' They annoyed him, all her things, all those years. He felt relieved to be able to pack all her clutter away at last.

'So you won't be giving me a grand-daughter,' my father said soon after I arrived, referring to my newly womb-less body. A statement that turned into a question, as if as an afterthought, like twisting the knife – as if it wasn't too late, and I could still, if I tried, did my utmost, give him what he wanted. Simon would know about that, who despaired of ever meeting our father''s eye, let alone his expectations. 'I'd have liked a grand-daughter, a little girl.' And he stuffed a cake into his mouth, all of it, in one voracious bite.

I leant forward, my palms flat on the table to keep myself calm. 'I can't picture a girl,' I said. 'If I'd had one, though, I'd have called her Siena.'

'Ah – Victor's favourite city.'

My last but one morning. The cup seemed even more chipped than before, so I had to place my lips carefully. I said as much to the boy, who played at my feet. Intent, he didn't look up at me, just grunted.

He didn't have a name, the boy. Can a phantom have a name? Perhaps he was his father, Victor, in his childlike aspect, that which I nurtured and comforted. He had silky hair, which I liked to touch, cupping his head in my hands and looking deep into his moist, tender eyes.

The boy had got hold of a bag of wood blocks and was building a house with them. He said it was a tower, but the fourth level of bricks was askew. There ... it toppled, and he sighed, rueful. Make a wider base, I suggested, and taper the sides as it gets higher, like a pyramid. The boy rejected my suggestion. He didn't want a pyramid but a tower, straight sides, up to the sky. The determination to realise the initial conception. No compromises. Persistent, he held on to his idea, stubborn as a bull.

The sun was lost behind clouds and I felt chilled. I reached to light a burner on the stove. Then I sat back comfortably, drawing my dressing-gown over my knees. I wore a sweater too, over the gown, and I was tempted to stay like that all morning, cocooned in my corner by the burner, comforted by its hiss, which drowned the whispering sounds that came when the wind was up; staring out of the window and thinking of this and that. Suddenly my view was filled by the round face of a youth pressed flat against the glass of the window. He saw me cowering in my corner, and was gone. George. 'My right-hand man,' was how my father referred to him.

I saw them in the garden from my window when I went up to dress. They were bending over the vegetable runnels, and I feared for my father's back. It didn't seem to trouble him like it once did, but he was still the clumsiest of men with a spade. George took over and began digging with a grace that was a joy to watch – and my father looked on admiringly. Then he grasped his shoulder and George smiled, half shy, half proud. My father walked across the turfy lawn towards the cottage, disappearing through the back door beneath me, not looking up though I had an idea he'd seen me, from the rigid set of his head, and the studied way he kept his eyes looking straight ahead.

As I came down the stairs I heard George's high, tuneless whistle above the sound of water splashing into the kitchen sink. I had to brace myself before going in to join them. My father was scrubbing mud off carrots while George, at the table, cut slices from a block of cheese. They weren't talking, but there was an intimacy in their silence, as if they stood like that, side by side, preparing food, every day of their lives.

I waited a moment too long before crossing the threshold, so that I felt awkward, an intruder in their privacy. My awkwardness made me clumsy, and I knocked the door against the corner of the dresser. They both jumped and looked round in surprise.

George dropped the knife on to the table with a clang that drowned my hello. I asked if I could help with lunch, and my father, in a breezy voice, suggested I sit down. 'Too many cooks ...,' he said as he put the vegetables on to boil, adding salt with a flick of his fingers. 'Move along a bit, George,' who was blocking my way. 'Let Lin sit down.' George moved along, turning his back on me and staring out of the window as he ate his sandwich.

His silence discomfited me. It made me talk louder, insensitively. I could hear the false notes in the pitch of my voice – like my mother's. It was disconcerting how often I recognised my mother in me, almost thought I was her. It was as if I'd wanted her to survive in me but didn't altogether like the result. Nor did George.

I asked questions. First, how was my father's walk? Bracing, as usual. And then, at George's masticating jaw, how was the wall? – his masterwork, the rebuilding of my father's wall, no more than a pile of rubble when he moved in. I could see from his jaw that George had stopped chewing, but he didn't turn towards me, and his answer was a crumbly grunt. Leaving my father to enthuse. 'Almost there, I'd say. A couple of feet to go, eh, George?'

One last, great swallow and then, 'I'll be off.' Head down he made for the back door.

My father put a plate of vegetables in front of me. 'Straight from the soil,' he said. 'Do you the world of good.' Then he asked me to shop for supper on my walk to the village. 'You are going, aren't you?' he said. 'As usual?'

'Yes, I'll go. One more time. What else shall I buy? For our last dinner. Sardines, baked beans, frozen peas, Cadbury's Whole Nut ...?'

'Baked beans and chocolate,' said my father. 'We'll have a feast.' He looked me in the eye and smiled. Was there any smile sweeter than his? It lit up his face, gave it flesh and roundness – and it dissolved my resistance.

The light from the television screen attracted a moth which made a blemish on the newsreader's neck. I expected her to brush it off, a little fantasy that distracted me from what she was saying. Not my father. He watched television with the utmost concentration. If I said something he grunted in reply as if to say, not now, I want to listen.

Abruptly the newsreader changed tack. We watched an MP newly elected in a by-election beam triumphantly at his cheering supporters. He was flanked by his wife, who kissed him full on the lips (the moth zoomed off), and two children. The little girl smiled engagingly, but her older brother looked sullen, as if he hoped his connection with the victorious family would be overlooked. He stood to one side; and then we saw him dodge behind a man who tried to put an arm round him to draw him into the family circle. The camera hastily shifted from this awkwardness to focus instead on the happy couple whose smiles, however, began to look fixed.

The boy reminded me of Simon who, lest we forget him in his no-man's-land between my father and me and my mother and Hugo, was forced to make his presence felt by his absence.

My father switched off the television and I waited in the darkness while he felt his way to turn on the light switch. He looked cadaverous, then, all bone and harsh shadows.

While he was in the bathroom I opened the front door and stared at the blackness. Then I stepped out and closed the door behind me. I edged my way down the path and felt for the gate. The trees along the opposite side of the lane made a sound like a deep sigh of relief, but then, as I was about to set off, I heard a squeal, high and piercing. I turned and started back up the path until I remembered, of course, the pigs at the farm down the road. I let myself into the cottage, thinking of Victor, hearing myself tell him, laughing, about my fear, pooh-poohing his concern at my walking alone at night.

I wasn't asleep when the storm started, or not properly, but in a half-sleep, so that nothing was quite real or as it should be. I was surrounded by noise, the thunder and thrashing trees and the rain hitting the roof, and I knew I should get up and close the window, but it seemed impossible to get out of bed. The only thing to do was to stay where I was, hunched up under the blankets.

Then I became convinced that the boy, my child, was out in the storm. I saw him all alone under a tree, hugging the tree because that was all he had to give him comfort. He was weeping in terrible distress, and I was powerless to help him, to soothe him or lead him to shelter. I was too far away, it seemed, hundreds and thousands of miles or years away, and incapable of crossing the wide, black void that separated us ...

... and now, so many years later, I'm looking out for Victor. He comes into view, a white hulk like a bear, struggling across the snow-bound square towards me. My heart leaps and I limp to the front door. Without a coat or changing my shoes, I seize my stick and step out, gingerly making my way towards him. Then we're like two bears, lumbering stickily towards one another, and when we meet we're both laughing. I clutch at him and we slip and slide. He yells at me to desist, and we just manage to save ourselves. As we slowly, arm in arm, cross the road to the house I point out my footprints, already disappearing beneath another layer of snow.

LENZ
books

The following titles are also available:

FALSE TESTIMONY: COLLECTED WRITING
by PAUL BECKER

BYSTANDERS: HER BERLIN NOTEBOOK
by MIRJAM HADAR MEERSCHWAM

TIMOTHY HYMAN:
FIFTY DRAWINGS

MY LIFE WITH BELLE
by JUDITH RAVENSCROFT

PAINTING: MYSTERIES AND CONFESSIONS.
A COLLECTION OF WRITINGS
by TESS JARAY
available in paperback from RA Editions

www.lenzbooks.com
lenzbooksinfo@gmail.com

PN 4888 .F37 1994

Poynter Institute

93005260

DATE DUE

*La publicación de esta obra la realizó
Editorial Trillas, S. A. de C. V.*

*División Administrativa, Av. Río Churubusco 385,
Col. Pedro María Anaya, C.P. 03340, México, D. F.
Tel. 6884233, FAX 6041364*

*División Comercial, Calz. de la Viga 1132, C.P. 09439
México, D. F., Tel. 6330995, FAX 6330870*

*Se terminó de imprimir y encuadernar el 28 de febrero de 1994,
en los talleres de Rotodiseño y Color, S. A. de C. V.
Se tiraron 2 000 ejemplares, más sobrantes de reposición.*

BRIO ET, B 100

Prensa
 centroamericana, 61
 como instrumento de control, 42
 electrónica, 105
 estatal, 123
 límites de acción, 65
 partidista y contestataria, diferencias, 42
 radial, 108
 televisiva, 108
Prensa Libre, 86
Presunción de la inocencia, 22
Proceso periodístico, 22
Procurador, 20
Propietario
 ausente, 59
 estadista, 59
 partisano, 59
 político, 59
Publicidad, eficacia, 45
Publicista, 48

Radio, 46
Redacción de noticias, 16

Secreto
 de la fuente, 73
  uso y abuso del, 73
 profesional, 76
Segunda Guerra Mundial, 111
Seguridad personal, 87

Selección de los mensajes publicables, 104
Soberanía editorial y noticiosa, 30
Sociedad estadounidense de editores de periódicos, 56
Subempleo y pluriempleo, 88
Subsidio contra votación, 41

Telenoticias, 82
The Economist, 107
The ethics and the press, 29
The New Republic, 53
The New York Times, 23
The Washington Post, 53
Tiempo en la televisión, 46
Time, 106
Título(s)
 manipulación de, 19
 reglas para, 19
Tratado de Río, 118
Tratado Interamericano de Asistencia Recíproca, 118
Turismo periodístico, 91

UHF. Véase Ultra High Frecuency
Ultra High Frecuency, 46

West 57th Street, 18

60 minutes, 18

ÍNDICE ANALÍTICO

Fundación Nauman, 101

Gaceta de París, 34
Grupos de presión, 40
Guerra de las Malvinas, 118

Hora del cierre, 18

Información, publicidad y propaganda, 99
Interés público y vida privada, 63
Investigación periodística, 21-22
　errores, 69

La Flecha de Nicaragua, 98
La Hora, 98
La Hora de Guatemala, 42
La información, 98
La Nación, 27
La Prensa de Nicaragua, 42
La Prensa Gráfica, 86
La Tribuna, 98
Lectores, 15
Libertad y responsabilidad, 73
Los versos satánicos, 111

Manipulación
　de los títulos, 19
　mutua, 32
Materia noticiosa, 30
Medios
　de comunicación, 21, 24
　　en Costa Rica, 21
　　intervenciones malignas en, 58
　　la computadora en, 45
　y grupos de presión, 39
　electrónicos, 20
　informativos, 20, 25
Mensajes creativos, 47
Miami Herald, 69
Miracle Bar, 79
Moonlighting, 89

New York World, 79
Newsweek, 81
Nota periodística, 108
Noticia(s)
　definición, 102-103
　en estado de pureza, 102
　estructura, 31
　policiacas, redacción de, 114
Novedades de Nicaragua, 98
Nuevo Diario, 102
Nuevo periodismo, 21
Nuevo Testamento, 26

OEA. *Véase* Organización de Estados Americanos
Ombudsman. *Véase* Procurador
Organización de Estados Americanos, 115

People, 106
Periodismo, 34
　agorero, 111
　contestatario, 42
　definición, 34
　en El Salvador, 101
　en Guatemala, 101
　en Nicaragua, 101
　indagador, 43
　objetividad en el, 96
　pasivo, 35
　tareas del, 54
Periodista(s), 13
　acucioso y honesto, 22
　centroamericano, 37, 86
　de televisión, 17
　deformaciones del, 30
　guatemaltecos, 21
　investigador, 22
　límites del, 113
　profesional, 26
　　y mercenario, 26
　　y propietarios de los medios, 28
Pesquisa periodística, 22

Índice analítico

Anuncio(s)
   características, 44
   de una publicación, 44
   desventajas, 44
   naturaleza del, 43
   ventajas, 54
Autocensura, 31
Autor de una información, 32

Barricada, 102

Caso Blandón, 82
Censura previa, 111
Código de Ética de los Periodistas de Chile, 78
Código de Ética del Colegio de Periodistas de Costa Rica, 78
Código de Ética del Periodista Venezolano, 77
Código de la Televisión Italiana, 109
Código Internacional de Ética del Periodista, 77
Comisión sobre libertad de Prensa, 55
Consejo Supremo Electoral, 102
Convención Americana sobre los Derechos Humanos, 21

Convenciones publicitarias, 48
Crisis económica, 88

Chicago-Sun Times, 79
Chronicle, 79

Dead line. Véase Hora del cierre
Declaración de Principios de la Asociación Estadounidense de Editores de Periódicos, 81
Derecho
   a saber, 76
   de defensa, 16
Diario de Costa Rica, 42, 97

Edad Media, 111
Editora Renovación, 99
El cuarteto de Alejandría, 97
El Gráfico, 101
El reino y el poder, 23
Equidad informativa, 23
Estrella de Panamá, 99
Excélsior de Costa Rica, 98

Fairness, 22
Fidelidad y grado de concentración del público, 15

Meyer, P., 54
Mills, W., 64
Monge, L. A., 125

Noriega, M. A., 82
North, O., 81
Novoa, M., 69

Oduber, D., 83
Ortega, D., 101

Pulitzer, J., 60

Reagan, R., 32
Roosevelt, F. D., 64
Rushdie, S., 111

Salinger, P., 79
Samper, M. A., 79
Sánchez, A., 78
Sevilla, S. G., 117
Shaw, D., 78
Somoza, A., 116
Steinem, G., 79

Stevenson, A., 53
Sullivan, L. B., 65
Sulzberger, A., 40
Swagert, J., 64
Sydney, H. H., 53

Talesse, G., 23
Tinoco, F., 98
Tinoco, J., 98
Torrijos, O., 99
Twain, M., 34

Ulate, O., 42
Urbano VIII, 112
Uribe, H., 77 *n*

Valverde, B., 117
Vesco, R. L., 79

Weis, P., 53

Zaitz, L., 69 *n*
Zarco, I., 86

Índice onomástico

Arias, M. D., 90
Arias, Ó., 125

Barney, R., 29
Barrera, B., 86
Barrios de Ch. V., 101
Benavídes, E., 28
Benedetti, M., 102
Bly, N., 79
Bradlee, B., 80
Brajnovic, L., 82
Brecht, B., 107
Bush, G., 68

Calderón, F., 125
Calderón, G. R. A., 27
Carazo, R., 117
Carpio, N. J., 101
Castro, B. R., 125
Catania, C., 40
Cisneros, P., 82
Contreras, V. Á., 86

Chamorro, C. P. J., 102

Dole, R., 68
Durrel, L., 97
Dutriz, R., 86

Eisenman, R., 99

Fernández, G., 83
Ferry, W. H., 55
Figueres, J., 29
Fonseca, E., 117

García, M. G., 34
Gordon, G. N., 50

Hart, G., 31
Herbert, T. R., 53
Herra, R. A., 61
Hohenberg, J., 65
Huxley, A., 47

Kemp, J., 68
Kennedy, J. F., 64

Lahey, E. A., 54
Lippman, W., 34, 53
Loría, J. J., 116

Mandela, N., 92
Marías, J., 34
Marroquín, R. C., 42
Mc Donald, D., 38
Merril, J. C., 29

desbordar los elevados propósitos de intérprete, termómetro y guía de nuestro acontecer inmediato.

En la suma de muchos minutos de silencio para pensar en esta conclusión cada vez que llega a nuestro escritorio una noticia, reside la esperanza de la reivindicación de la ética de los periodistas.

EL PODER Y EL AUTOCONTROL

Durante estos 44 años, *La Nación* siguió la pauta de los grandes diarios bien administrados e ideológicamente sensatos. Nadie puede dudar que llegó en buena lid al lugar en que se encuentra, en virtud de un juicio preciso para formar opinión, propiciar el debate de ideas que no son las suyas y abrirse como válvula de escape para grupos de presión que se oponen a los que el mismo periódico representa.

De la misma forma, la empresa se ha convertido en institución y ha reaccionado con prudencia cuando, requerida por el deseo de satisfacer economías de escala, intentan seducirla otras inversiones en radio y televisión.

Cuando se tiene tanto poder, el ejercicio del autocontrol es más difícil. *La Nación* encontró la solución al problema de la saturación publicitaria y el volumen de páginas del periódico, en la diversificación editorial —las revistas especializadas— y no en el concepto del conglomerado. En efecto, la póliza de vida de *La Nación* está en dejar en manos de otros intereses, otros medios de comunicación.

En la dialéctica de sus relaciones con el poder, se acusa a *La Nación* de estar a la derecha del centro y de hacer difícil a otros grupos de pensamiento disfrutar de la misma influencia. La pujanza de otros medios de comunicación, tanto en la prensa escrita como en la televisión, contradice esos temores.

En la actualidad, la situación de la oferta periodística es mejor a la que encontró ese periódico en 1946: hay tres diarios más de amplia circulación nacional que compiten con *La Nación*, y el mercado publicitario se reparte ahora de manera diferente. En general la influencia de la televisión crece con el abaratamiento de los receptores y la difusión de la electricidad; en tanto que los costos de producción de un diario impiden que la circulación aumente a un ritmo mayor, o al menos igual, que el crecimiento demográfico.

Para la prensa centroamericana, el gran reto es ese: la influencia de los medios de comunicación orales y televisivos y la proporción cada vez mayor de los mercados publicitarios que abarcan y plantean problemas de relación entre sí, con el público y el poder de una naturaleza esencialmente distinta de los que se conocían apenas hace una década.

El mensaje informativo de hoy busca la celeridad y la condensación de manera frenéticamente obsesiva. La comunicación instantánea no deja tiempo a la reflexión. La concepción del llamado *tiempo real* —la trasmisión simultánea de los acontecimientos— hace cada vez más aguda la competencia y, por tanto, más reducido el espacio para la investigación. A menos que unos y otros, periódicos, revistas y noticiarios, tengan presente el requerimiento de Gabriel García Márquez, la prensa estará a punto de

diario *La Nación* quedó solo en el mercado. Y se hizo grande y poderoso, auxiliado por una experta combinación de buena dirección —la patriarcal, condescendiente jefatura de Ricardo Castro Beeche— y un gran sentido de equidad empresarial para remunerar los factores de la producción.

Ulate quiso enfrentarse a los dos poderes emergentes, el político y el periodístico, al partido socialdemócrata y al periódico conservador. Y el país fue testigo de una colorida pugna de intereses, un triángulo isósceles en el que los dos lados mayores eran ese partido y La Nación, y en la base se encontraba el antiguo catalizador de ambas corrientes.

Desaparecida la causa que los había colocado en rumbos convergentes, socialdemócratas, conservadores y partidarios del caudillo perdieron el contacto de sus ángulos y siguieron su propio curso.

Desde 1950 hasta 1990, la hegemonía del partido socialdemócrata, Liberación Nacional, se puso de relieve con seis gobiernos de cuatro años cada uno, 24 años en total, y la alternabilidad quedó reservada a cuatro administraciones correctivas y equilibrantes, coaliciones antiliberacionistas que no llegaron a adquirir fisonomía propia sino en 1986, cuando el hijo de Rafael Ángel Calderón Guardia, Rafael Ángel Calderón Fournier, logró vertebrarlas en un verdadero movimiento político con ideología y estructuras propias.

Pero, siempre que el partido Liberación Nacional pretendió reelegirse al final de un periodo de cuatro años o al final de un período de ocho, La Nación desempeñó, deliberada o inconscientemente, el papel de fuerza impulsora del péndulo. Así ocurrió cuando, después de las administraciones sucesivas de José Figueres (1970-1974) y Daniel Oduber (1974-1978), Liberación Nacional pretendió un tercer mandato.

A pesar de la popularidad con que Oduber concluyó su ejercicio, bajo la gravitación de ese periódico, la balanza del electorado se inclinó por su opositor, Rodrigo Carazo, un ex liberacionista que decidió hacer casa aparte y amalgamó a los sectores conservadores en una curiosa síntesis con liberales ortodoxos e izquierdistas reprimidos.

Así ocurrió también cuando, después de dos administraciones sucesivas de Luis Alberto Monge (1982-1986) y Óscar Arias (1986-1990), Liberación Nacional pretendió de nueva cuenta un mandato de 12 años. A pesar de la valoración popular tan elevada del gobierno de Monge, y mayor aún del de Arias, una vez mas *La Nación* preparó el terreno para la oscilación política. Al igual que en 1978, cuando las denuncias por corrupción en la función pública ocupaban la primera plana del periódico, en 1990 fue la cuestión de la moral del partido —y no necesariamente la ética de la administración que terminaba su periodo— el principal argumento con el que cabalgó en su campaña el dirigente de la oposición, Rafael Ángel Calderón Fournier.

Nación era capaz de medrar en aquel clima de escaso o relativo desarrollo de la información.

El periódico había nacido como una tercera instancia moderadora, aunque inequívocamente opuesta al régimen de los ocho años transcurridos entre 1940 y 1948 . El desdén con que los dos grandes diarios de la época, *Diario de Costa Rica* y *La Tribuna*, vieron el nacimiento del que llamaban "pasquín con ínfulas de periódico serio", tenía algo que ver con el tamaño de la página: los diarios nacionales opuestos políticamente eran de tamaño estándar. *La Nación* era un tabloide.

Como el formato pequeño se encontraba inevitablemente asociado a la noticia escandalosa, satírica y virulenta de los vespertinos, el primer factor que llamó la atención del público fue aquel pigmeo en medio de dos gigantes.

En el fondo, la alianza entre los sectores conservadores y los socialdemócratas que se oponían a la reelección del doctor Rafael Ángel Calderón Guardia, estaba, como la mayor parte de los acuerdos políticos de circunstancias, forjada alrededor de un sólo objetivo común y muchas discrepancias. Ese objetivo era combatir la corrupción y la violación de las garantías políticas, entre otras, la más descollante del derecho al sufragio burlado en las elecciones de 1944.

Esas discrepancias tenían relación con el papel del Estado en la vida económica, cultural y social del país, punto en el cual los socialdemócratas podrían tener más afinidad con el partido que postulaba la reelección de Calderón Guardia, que con la otra parte de la coalición. Sin embargo, Ambos grupos creían que una vez restablecidas la honradez en el manejo de los asuntos públicos y la confianza en los mecanismos electorales, podrían discutir y disputarse el derecho a gobernar el país en esos otros aspectos en que tenían diferentes enfoques de la realidad nacional.

En el debate de las fuerzas políticas en rumbo de colisión directa, *La Nación* no sólo quiso introducir una instancia más, sobria y reflexiva, sino que separó al movimiento conservador de la tentación del caudillismo, con el fin de moldearlo como parte de un pensamiento político respetable.

Pasada la revolución de 1948, los tres componentes de aquella coalición se enfrentaron unos a otros, Otilio Ulate contra José Figueres, *La Nación* contra José Figueres y Ulate contra *La Nación*, en sucesivos encuentros que pusieron de relieve las contradicciones de aquella alianza para derrotar a Calderón ʾGuardia. Restablecida la legitimidad del gobierno, depurado el sistema electoral y sancionadas las formas ilegales o corruptas del manejo público, se hizo presente la gama de discrepancias que quedó transitoriamente oculta antes de 1948.

Con el nuevo orden surgido después de la guerra civil, *La Tribuna* desapareció y el *Diario de Costa Rica* duró tanto como la buena estrella política de su propietario, el ex presidente Otilio Ulate. De este modo, el

Es probable que una sociedad en la que se manifieste una tendencia a la centralización del poder ponga en manos del Estado, o de grupos privados hegemónicos, tanta o más autoridad como la que pudiera ganarse por votación o consenso.

La prensa estatal puede convivir con la prensa privada, con un lugar y una función propios, pero para que sea compatible con los postulados de una sociedad libre su carácter debe ser subsidiario. Las leyes y las sentencias judiciales pueden adquirir su efecto vinculante, si se publican en medios de comunicación privados, pero nada impide que lo hagan en gacetas oficiales. También la televisión y la radio gubernamentales tiene una tarea de difusión legítima en sus manos. Sin embargo, el predominio de los medios de comunicación del Estado convierte la misión informativa en un desempeño propagandístico.

La traumática experiencia de la segunda gran guerra indujo a los países de Europa Occidental a ensayar un sistema de prensa escrita que estuviera en manos privadas, pero la televisión y la radio continuaron en poder del Estado o de grupos comunitarios.

Ahora, la mayoría ha reconocido que es mejor un sistema mixto en el cual concurren los medios de comunicación llamados electrónicos, privados y públicos, en igualdad de circunstancias.

En los países en donde la prensa es propiedad del Estado o depende de él para su subsistencia, la autoridad no necesita recurrir a otros mecanismos de coerción, como la censura, la persecución de los disidentes y el control de suministros, con el fin de ahogar la libertad de expresión. Ésta y los fines del Estado autoritario se confunden. De igual manera, en una sociedad libre, ciertos medios de comunicación de propiedad privada que han limitado el crecimiento de otros medios a través de prácticas monopolistas, pueden dañar el régimen de opinión pública que les ha permitido prosperar.

La mejor invitación a la regulación la hacen los medios de comunicación que, sin darse cuenta, o a pesar de saberlo, adoptan esa actitud unilateral y dogmática característica de los magnates.

UN CASO PARA ESTUDIO

Mi paso de doce años por *La Nación* me enseñó cuán sabios pueden ser los dueños de un medio de comunicación cuando saben advertir a tiempo las condiciones de carácter monopólico que se van creando en un mercado y cómo se altera la relación de poder entre autoridad pública, grupos de presión y periódicos, si esto llega a ocurrir.

En 1968, cuando se inició mi relación con el periódico, estaban en crisis casi todos los medios de comunicación costarricenses. Sólo *La*

punto intermedio entre los individuos, los grupos de presión y el poder público.

El más complejo acto de equilibrio de una sociedad se da cuando la prensa, siendo parte del "poder privado" y por tanto, aliada nata de éste, se separa de él en las ocasiones en que el poder público intenta regularla y someterla para indagar en la justicia de aquellas tentativas. Su papel es arbitral o mediador, porque estando, como está, en el fiel de la balanza, como un procurador social y personal que hace un ajuste de cuentas, a menudo tiene que cambiar de retina y ser un observador muy riguroso de los intereses contrapuestos.

EL CUARTO PODER

La prensa es parte de los frenos y contrapesos informales que la sociedad adopta como instrumentos de defensa contra los excesos de los otros poderes, los mismos que ella otorga en forma expresa y los que van surgiendo espontáneamente en el curso de su desarrollo.

Por tanto, la importancia de que este poder informal se mantenga en el centro de la controversia, pero que al mismo tiempo la estimule, intente interpretarla y la oriente, surge por sí misma. La libre concurrencia y la autonomía del pensamiento forman parte de la sustancia —son consustanciales— de un régimen político basado en la cohesión voluntaria y no en la represión.

Por eso las tendencias monopolistas y la primacía de los medios de comunicación oficiales y oficialistas constituyen un signo de advertencia para la sociedad que quiere preservar fundamentalmente libres los mecanismos de interacción del poder público y los poderes privados.

Un solo órgano de comunicación en manos particulares es tan contrario a la forma política de la democracia, como una presencia desmedida de publicaciones estatales que excluyan a las privadas.

En los dos extremos del abanico de posibilidades de un sistema de relaciones entre autoridad pública y prensa privada, se encuentra la absorción por parte del Estado de todas, o la mayor parte, de las herramientas de opinión pública, y la concentración en un solo grupo —partido, credo o gremio— de los hilos de la comunicación social.

Es tan sintomática esta polarización que basta leer u oír la prensa durante varios días en un país determinado, para diagnosticar certeramente qué tipo de sociedad tenemos frente a nosotros. Por ejemplo, podemos percibir el grado latente o explícito de violencia de una sociedad sobre sus minorías o mayorías, o la anarquía de miembros del grupo social frente al poder público. De igual manera podemos leer en estos signos hacia dónde y con qué ritmo marcha esa sociedad hacia el disloque o la concertación.

de preservación del sistema y más eficaces las vacunas contra la intolerancia y la arbitrariedad.

Si la educación ha sido uniforme, consistente y profunda; si la información ha sido exhaustiva y responsable, y si la elección ha sido transparente, la democracia puede estar segura de avanzar hacia la longevidad.

A menudo, los entes sociales robustecidos en la pluralidad, la competencia y la libertad de sus componentes, tienen una condición de vulnerabilidad más baja respecto de los cataclismos las trepidaciones, y un mayor poder de adaptación a los fenómenos internos y externos que van haciendo presión sobre los conglomerados humanos.

El más fuerte quedaría fuera de toda posibilidad de supervivencia, si no fuera por la necesidad de que también sobreviva el débil. La sociedad sabe que no protege a los más hábiles, sino tiende la mano a los más menesterosos. Para que el sistema democrático haga de la simetría social su principio de ingeniería genética, necesita de un concordato político, una educación no sectaria y un conjunto de medios de comunicación independientes y rivales.

EL PROCURADOR DE LA SOCIEDAD Y DE LA PERSONA

Aíslo dos de los conceptos anteriores, rivalidad e independencia. En realidad, se trata de una sola o de dos maneras diferentes de enfocar la misma realidad. El régimen de opinión pública que permite el funcionamiento de una democracia es, en realidad, una sucesión de plebiscitos cotidianos que complementan las decisiones electorales de las urnas.

Sin medios de comunicación que se constituyan en puentes entre la autoridad pública y el poder privado y que llenen los vacíos entre un proceso electoral intermitente y las miles de pequeñas decisiones diarias en las que tiene que ramificarse un mandato político, la regla del consenso sería sustituida por la imposición de la arbitrariedad, la indiferencia o el desacato.

Por ello, esos puentes no son ocasionales ni esporádicos. En realidad, forman una trama de hilos muy tenues que permite a la democracia acumular sus energías y reponer sus desgastes. Son los alveolos que depuran el torrente sanguíneo y lo impulsan por todo el organismo social.

La prensa es parte de esa trama pero, al mismo tiempo, se encuentra a cierta distancia de ella. Es el prisma que recoge la luz de distintas caras para darle fuerza o coherencia a la imagen. Como integrante del cuerpo social, la prensa debe poseer los mismos atributos de diversidad, contraste, juego e interacción de sus otros componentes. Pero al mismo tiempo, en su papel como parte del consciente colectivo, debe colocarse en un

Para que un sistema así funcione, es necesario un programa de educación pública sin distingos; un régimen de abundante información acerca de los aspectos más relevantes de la vida social, y un procedimiento de renovación de los mandatarios que se ajuste a las mismas aspiraciones libertarias.

El programa de educación debe llegar a todas las capas de la vida en comunidad. La ilustración es la base de una selección certera. Dirigentes y dirigidos deben coincidir en un acto espontáneo de postulación y elección. Ese vértice sólo se alcanza cuando unos y otros se acercan a ese encuentro de manera consciente y sabia.

Pero la educación, por sí sola, no provee la chispa de la combustión entre quien quiere dirigir y quien busca la dirección. Para que el líder tome el pulso y el ciudadano valore a sus elegidos, el sistema democrático debe tener una red de circulación de información múltiple, competitiva y libre que permita saber, en una sucesión de momentos, cuáles son las aspiraciones, valores y tareas que por consenso la nación hace imperativas. Esa red es el fundamento de un régimen de opinión pública y la prensa es la que le da vida.

Pero no un tipo cualquiera de prensa, sino aquel cuya diversidad represente, de la manera más fiel posible, los distintos cauces en que se vierte la corriente de pensamiento nacional, con un claroscuro que permita comparar la propuesta de unos sectores sociales con la de otros.

Del cotejo y acomodo de esos diferentes proyectos surge un orden racional de prioridad para los objetivos sociales. Los límites y responsabilidades que marcan su esfera de acción no son otros que las leyes de orden público y los tribunales honorables para aplicarlas, no el espíritu de represalia y venganza de quienes se ven afectados por la espontaneidad e ímpetu del flujo de la información.

TODAS LAS DIMENSIONES DEL FRUTO

De esta manera, los tres pilares de un sistema democrático son la educación, la información y el sufragio universales. Sin ellos, la sociedad democrática no puede funcionar o funciona a medias. Evidentemente, la suma de las aspiraciones colectivas no puede menospreciar o ser indiferente a los intereses y criterios de las minorías. Pero los mecanismos de la educación, la información y la decisión están hechos, en una democracia, de tal modo que no languidezcan en el tiempo ni los herrumbre el espacio. Por el contrario, en la medida en que, cuando se coseche, la recolección comprenda todas las dimensiones del fruto, mejores serán los mecanismos

11
Las delicadas relaciones entre la prensa y el poder

MODELO DEMOCRÁTICO PARA ARMAR

Una democracia puede describirse, en primer término, como un sistema de gobierno y de organización social basado en el consenso y no en la imposición. En efecto, la democracia supone la existencia de leyes para regular las relaciones de los ciudadanos entre sí, y de éstos y la autoridad pública.

Pero esas leyes constituyen un mínimo de coerción para llenar los vacíos y omisiones que deja la aceptación voluntaria de los usos y las costumbres sociales. Las leyes rigen la conducta individual y social, en ausencia de acuerdos entre los miembros del conglomerado social. Dirimen el conflicto entre el interés de un individuo y el interés de otro, y entre los intereses de diversos grupos, pero también resuelven el enfrentamiento entre la autoridad pública y quienes la desafían o desobedecen.

Caracterizan también a la democracia el contraste, la diversidad y la interacción de valores, aspiraciones y obras individuales. El cuerpo social no es estático ni inmutable. Es dinámico y esencialmente cambiante. Sus ajustes se realizan no sólo gracias a los resquicios que deja a la acción individual el conjunto de normas coactivas o de aceptación voluntaria, sino a la búsqueda de nuevas formas de conducta y convenciones no reguladas ni previstas.

Es esencial a la definición de un régimen democrático, finalmente, la posibilidad y necesidad de cambiar a los depositarios de la autoridad pública por vías pacíficas y acuerdos periódicos. Una sociedad no es democrática si no encuentra métodos adecuados para encauzar esas transformaciones, y si no da contenido y expresión a los deseos de evolución que se van gestando, poco a poco, en la vida colectiva.

incertidumbre del porvenir y la certeza del presente no había, en realidad, otra elección. Mi concepto de seguridad nacional estaba indisolublemente vinculado a la definición de represión y libertad.

No creo que *La Nación* o yo nos equivocáramos al escoger el camino que tomamos. Pero no dejo de sentir un escalofrío cuando pienso que si hubiera seguido el dictado del código deontológico convencional, la publicación de aquellos informes pudo haber desencadenado la aplicación en favor de Nicaragua y contra Costa Rica del Tratado Interamericano de Asistencia Recíproca o Tratado de Río, y por tanto haber condenado al fracaso, o al menos demorar el éxito, de la revolución que terminó con la dinastía de los opresores.

Los periodistas argentinos reunidos en Puerto Iguazú, en noviembre de 1990, evidentemente no habrían compartido esta posición.[1] Todos ellos se reprocharon, y reprocharon a la prensa, haber sido en cierto modo cómplices, con su silencio, de la brutal represión de los derechos humanos protagonizada por los regímenes militares antes de la restauración de la democracia. Las informaciones se ocultaban en nombre del mismo precepto de seguridad nacional. Con el mismo valor autocrítico, señalaron la responsabilidad de la prensa cuando se hacía eco de las supuestas hazañas de los militares durante la guerra de las Malvinas. La falta de buen periodismo ayudó a crear la sensación de una falsa victoria del ejército argentino sobre la armada inglesa.

Cuando los correctivos para la desviación de los periodistas se generan en sus mismos debates y en sus actos de contrición, se establece un precedente saludable desde el punto de vista de las normas éticas y los ejemplos morales. Como en el caso de *The New York Times* en bahía de Cochinos, *La Nación* pudo haber publicado los informes sobre el santuario que, de hecho, tenían los guerrilleros sandinistas en 1978 y 1979 en territorio costarricense. De alguna manera prevaleció en el ánimo de los responsables del periódico no sólo una noción compartida de los intereses de la seguridad nacional, sino también la recóndita aceptación de que, en la lucha para abatir una satrapía de cuatro décadas en su vecina del norte, Costa Rica no podía ser indiferente.

---

[1] *La ética de los periodistas argentinos,* Fundación Arturo Illia para la Democracia y la Paz, Buenos Aires, 1990.

admitir la veracidad del informe y, en una decisión jurídicamente cuestionable, llevó al periodista, *manu militari*, para que mostrara al Ministro de Seguridad el lugar en donde estaban los combatientes. Ya no estaban ahí, pero habían estado. *La prensa Libre* había dicho la verdad.

En el seno de la Organización de Estados Americanos, el embajador de Somoza, Guillermo Sevilla Sacasa, exhibió la primera página de *La Prensa Libre*, con el fin de confirmar sus denuncias contra la beligerante tolerancia del gobierno de Costa Rica. Somoza pidió la aplicación de los tratados internacionales para sancionar a Costa Rica.

Con una carpeta llena de cuartillas de los reporteros Bosco Valverde y Edgar Fonseca, y de fotografías tomadas en la zona militar, pedí una reunión urgente de la junta directiva de *La Nación* y en ella expliqué mi posición. Entre publicar los informes, siguiendo el ejemplo de *La Prensa Libre*, y abstenerme de ello, prefería lo segundo. Si el testimonio del periódico colega había sido citado en la asamblea de la OEA para sustentar una acusación contra Costa Rica, el de *La Nación* robustecería la posición del general Somoza.

Esa era la mejor manera de darle mayor crédito al alegato de que el gobierno del presidente Rodrigo Carazo intervenía directamente en los asuntos internos de Nicaragua.

La doctrina de la seguridad nacional prevaleció. Los directivos de *La Nación* concordaron conmigo en que sería riesgosa para el país la publicación indiscriminada de aquellos informes. Sin embargo, me pidieron que se los llevara al Presidente Carazo para que éste supiera por qué el periódico había renunciado a publicarlos. El Presidente Carazo me recibió a solas, como yo lo había solicitado, escuchó con atención mis relatos y explicaciones, y me contestó que todas esas versiones eran falsas y que las fotografías podían haber sido tomadas en otro lugar o en otra época.

Cuando revivo en la memoria el episodio de 1979 y me sitúo otra vez en la encrucijada, algo me dice que en el fondo no sólo *La Nación* y el Presidente Carazo, sino en cierto modo todos los costarricenses conocíamos el riesgo que corría el país al apoyar a la guerrilla sandinista y a la oposición política interna de Nicaragua. Sin embargo, en la balanza pesaba más el concepto de la seguridad a largo plazo que significaría la vecindad con un país sin Somoza, y la noble causa de ayudar al derrocamiento de una satrapía de más de cuatro décadas.

En los peores momentos de la relación de Costa Rica con el gobierno que sustituyó a Somoza, siempre temí que alguien reclamara a *La Nación*, como sí lo hicieron con el Presidente Carazo, la complicidad de aquel silencio.

Renuncié a mi cargo de director del periódico poco después del triunfo de la revolución sandinista y, por tanto, si el debate sobrevenía, sería en mi ausencia. Pero mi respuesta habría sido, de todos modos, que entre la

debido proceso, son inherentes a la persona y no concesión graciosa de quien ejerce el poder público.

En 1978 y principios de 1979, llegaban a la sala de redacción de *La Nación* todo tipo de informes acerca de las operaciones de los revolucionarios sandinistas en territorio costarricense. El periódico había tenido la experiencia de que el gobierno del general Anastasio Somoza empleaba las publicaciones de la prensa costarricense en ese sentido, con el fin de acusar a Costa Rica de tolerancia culpable. Pero *La Nación* comprobó que las denuncias eran ciertas. Los combatientes nicaragüenses tenían escondites, casas de seguridad y campos de entrenamiento militar en las ciudades próximas a la frontera norte.

Incluso San José sus dirigentes tenían amplia libertad de acción con la complicidad y, en ciertos casos, con la tutela, de las autoridades costarricenses. Los hospitales de la Seguridad Social curaban a los soldados sandinistas enfermos. En los cementerios de la provincia de Guanacaste se enterraba a sus héroes. Armas procedentes de Cuba hacían escala en Panamá, también bajo la protección del gobierno, y llegaban a un aeropuerto costarricense para seguir su curso hacia Nicaragua. En San José, el reclutamiento se llevaba a cabo abiertamente. Una tras otra, las operaciones de *limpieza* emprendidas por el Ministerio de Seguridad Pública llegaban tarde a los rescoldos de las fogatas. El gobierno decía que si los sandinistas empleaban a Costa Rica como refugio y santuario, era sin la autorización y la conveniencia de las autoridades, pero nadie, en especial Somoza lo creía.

Ya no se trataba de indicios, rumores o especulaciones. Las pruebas estaban ahí, en la forma de relatos de testigos presenciales a los reporteros que iban en misión a la frontera, con fotografías de la guardia civil costarricense en actos de camaradería con los insurrectos.

El dilema consistía en publicar aquellos informes o dejarlos en la caja fuerte. El país estaba corriendo el riesgo de las represalias por parte de la Guardia Nacional de Somoza. Ya se habían producido incursiones de los soldados de ésta para perseguir a los sandinistas a través de la frontera. Por lo cual no era lejana la posibilidad de una invasión de las fuerzas armadas nicaragüenses, y una manera de impedirla podía ser contar la historia sin reservas.

Si lo hacíamos, ¿se sentiría el gobierno obligado a hacer respetar, de verdad y no de apariencia, la proclamada neutralidad del país en el conflicto nicaragüense?

Así lo hizo *La Prensa Libre*. Uno de sus redactores, José Joaquín Loría, calzó con su firma el reportaje en el que se revelaba la existencia de por lo menos dos campamentos militares sandinistas. Como el periódico y el periodista se reservaron la identidad de los informantes y la localización geográfica de los guerrilleros nicaragüenses, el gobierno se negó a

Aunque al periodista en el fondo le complazca, como autoridad que decide publicar o no publicar, no debe ofender el pudor con la inserción de fotografías de modelos, actrices o coristas desnudas en un órgano de prensa de difusión popular. Este recurso de bajo costo lo emplean las revistas de circulación restringida, con el fin de atraer la atención de cierto tipo de lectores, y si algunas publicaciones serias lo explotan es porque se sienten arrastradas por una moda de la permisividad que, por cierto, ya está pasando. Con el mismo criterio con que pienso que el cuadro de la violencia descarnada sólo tiene lugar en una morgue, considero que el reino del erotismo encuentra un sitio en la alcoba, pero no en el periodismo cotidiano.

LA ZONA GRIS Y EL ALTO CONTRASTE

La anterior era la zona gris, en donde el dictado de la prudencia y el decoro rige la toma de decisiones. De ahí no es fácil dar el salto hacia aquella en donde privan intereses de otra jerarquía, sin detenerse en cuestiones de moral, buenas costumbres e higiene pública.

En ese terreno el periodista tiene una responsabilidad ineludible porque sus modelos de conducta son susceptibles de ser reproducidos por los sectores de población culturalmente vulnerables o inmaduros. En cierto modo, las normas de convivencia social se ponen a prueba y se sancionan en el cotidiano plebiscito popular de los órganos de prensa.

Si de alguna manera se depuran y evolucionan esas normas de conducta colectiva, es mediante el crisol de la prueba y el error a que se someten cotidianamente. Los medios de prensa ayudan y pueden orientar ese proceso, no sustituirlo. Pero no hay duda de que la insistencia con que un influyente diario donde dé la legitimidad de un comportamiento social, va minando la base de consenso en que se asienta. Asimismo la reiteración de nuevas pautas sugeridas desde las columnas de un periódico impregna los usos sociales hasta el punto en que resulten, más tarde, sustituibles por otros.

En un peldaño superior de la escala de valores se encuentra la discusión acerca de no publicar noticias en las que esté comprometida la seguridad del Estado o alguna otra manifestación suprema del interés nacional.

En situación bélica o de convulsión interna, tanto la doctrina como la práctica aceptan la suspensión temporal de ciertas garantías constitucionales, como la libertad de expresión, de reunión y de tránsito. Pero nunca las razones de seguridad del Estado, si entran en conflicto con los derechos básicos de la persona humana, prevalecen sobre éstos. Las garantías del derecho a la vida y de que nadie puede ser privado de su libertad sin el

Estamos, pues, a punto de incursionar en el borrascoso terreno de las leyes tanto como de las costumbres; los sistemas jurídicos tanto como las prácticas generalmente aceptadas; las sanciones del derecho punitivo tanto como la exquisitez de los refinamientos culturales.

Estamos asomándonos al universo conductual de pequeños y grandes círculos que se contienen y se traslapan y cuyas fronteras se marcan y desvanecen en la constante evolución de las sociedades.

DEGRADACIÓN Y HORROR DEL CUERPO DESTROZADO

Mi primera experiencia como reportero policiaco estuvo a punto de frustrar mi vocación periodística. Después de hacer durante un año la crónica social, el jefe de redacción me encargó la nota roja. Fiel a la teoría de que el periodista debe foguearse en las buenas y en las malas, y con la promesa de que si lo hacía bien me daría una buena fuente política, mis superiores me prestaron una cámara fotográfica y me enviaron a *cubrir* un suicidio. Pero no un suicidio cualquiera, sino la muerte de una persona bajo las ruedas de una locomotora. Por supuesto que los restos estaban fragmentados a lo largo de cien metros de línea férrea y en un estado de mutilación espantosa. Siempre sospeché que había alguna dosis de sádica complacencia en aquel taller de periodismo que querían recetarme mis jefes, pero de todas maneras fui, tomé las fotos, entrevisté a los familiares de la víctima de sí mismo y redacté la nota, no más de 200 palabras que al final se convirtieron en 100 y llenaron un oscuro rincón de la página de sucesos. Las ilustraciones nunca se publicaron.

Cuando tuve responsabilidades mayores en un diario, no quise nunca que se publicaran fotografías que fueran desagradables, ni se redactaran notas en las que se transparentara una especial delectación por el horror de la violencia.

Siempre creí que la muerte, como el nacimiento, son los únicos instantes de certidumbre en la vida de una persona y, por tanto intransferibles. Compartirlos con el mundo anónimo y externo de las multitudes me parecía un acto de irreverencia e indignidad para el ser humano. Permitir que alguien satisfaga la curiosidad malsana de un voyerismo sin compromiso es un recurso fácil para vender un periódico. Es de una crueldad imperdonable convertir el duelo de quienes lloran la pérdida de un pariente o un amigo, en macabro y espeluznante circo. La cuestión, como se ve, está lejos de ser de buen o mal gusto. No se trata solamente de interpretar en forma correcta la sensibilidad del promedio de los lectores de la prensa o de los televidentes, sino también de mostrar alguna forma de solidaridad con el luto de nuestros semejantes.

marco de referencia doctrinario en que funciona nuestro órgano de comunicación o el que atribuimos a sus propietarios. Ningún periodista serio y honorable admitiría que por el salario le compran una cuota de conciencia, pero sólo los muy realistas están dispuestos a aceptar que alguna vez, puestos en el trance de elegir entre publicar o no el producto de una investigación, se inclinaron, sin saberlo, por escoger lo que complacería a los accionistas, o por impedir el paso a lo que podría contrariarlos.

Un consejo para los periodistas jóvenes es que no traten de tomar decisiones como si fueran profetas solitarios que claman en el desierto. Después de todo, la autocensura funciona aquí como la arena de un filtro por la que se desliza el líquido. El agua se hace potable gracias a los resquicios que dejan minúsculas piedras, no en virtud del mágico golpe de la alquimia. El equilibrio de un periódico o una revista no se alcanza mediante la imposición arbitraria de un criterio. Los grandes diarios —grandes porque disfrutan del favor del público y porque no siempre hacen lo que éste exige— se caracterizan por el constante forcejeo entre sus componentes. Esos grandes diarios tensan la capilaridad de sus vasos sanguíneos con la interacción múltiple de los que dirigen y los que redactan. Como en toda organización en donde el poder no se puede diluir so pena de anarquía, al final alguien tiene que encender la luz verde o la roja, pero no sin antes dejar que en las zonas intermedias de mando se hayan expresado todos los puntos de vista posibles. Una institución como la prensa independiente no puede librarse al dictado del consenso, ni sus decisiones pueden basarse en un plebiscito, pero el ejercicio de la autoridad para censurarse, en el sentido de escoger, tiene que estar cerca de la razón y lejos de la arbitrariedad.

LOS LÍMITES

La exploración de los límites dentro de los cuales se desenvuelve el periodista, va desde el subjetivo territorio del buen gusto hasta las normas del derecho positivo. Entre uno y otro extremos es conveniente detenerse a examinar otros parámetros y ciertos matices. En la trayectoria entre la delicadeza y la legalidad, posiblemente no siempre sea fácil advertir el momento en que trasponemos el umbral. Cuando se habla del balance informativo el *fairness*, y del respeto al buen nombre y a la fama de los ciudadanos, tenemos frente a nosotros un conjunto de normas de adopción voluntaria o compulsiva que nos señalan límites muy precisos a la conducta informativa. Pero cuando abordamos el tema del derecho a la intimidad —el reino privado y personal del individuo en donde sólo con su consentimiento se entra— no existen códigos escritos ni reglas explícitas de comportamiento que debamos respetar.

A nadie llama la atención que Salman Rushdie se convierta en un anacoreta y viva en el sigilo por el resto de sus días. Hay precedentes. El cardenal Barberini hizo lo mismo con Galileo: lo obligó al silencio si quería salvar el pellejo. A la vuelta de 350 años, la Iglesia Católica comprendió que la consecuencia de que Galileo hubiera desacreditado las enseñanzas científicas basadas en textos bíblicos es que, entre otras cosas, el hombre pudo viajar a la Luna. La Iglesia se disculpó por la atrocidad de haberlo condenado a las sombras. En ambos casos, el poder de la intolerancia y el temor a la verdad hicieron de Urbano VIII y Khomeini los enemigos de la razón. Es inevitable el pensamiento de que si, a pesar de la censura, el astrónomo y el poeta pudieron quitarle ataduras al pensamiento, qué no podrían hacer si respiraran un oxígeno de libertad.

EL PERIODISTA ESCOGE, NO CENSURA

Fuera de la redacción de un diario se ha generalizado la idea de que todo aquel aparato destinado a la publicación de noticias funciona como un órgano de censura.

La queja más frecuente entre quienes envían materiales a un periódico o se relacionan con los periodistas, es que éstos mutilan sus puntos de vista con aviesa intención y a su conveniencia. El periodista, según esta consagrada manera de ver la función de la prensa, no es un profesional que busca la síntesis de varios elementos noticiosos y la mejor forma de expresarlos. Las razones de espacio y la necesidad de complacer tantas demandas informativas como sea posible escapan, por lo general, a las personas que vieron con desilusión como un análisis económico exhaustivo o las explicaciones pormenorizadas en la conferencia de prensa se redujeron a un párrafo puesto entre comillas que, por lo demás y a su juicio, representa mal o deforma el pensamiento del autor.

La línea divisoria entre escoger y censurar no se percibe con facilidad. Todo procedimiento de selección implica, desde luego, rechazo de los materiales no aptos para publicar. Pero la razón por la que se desdeñan no es —nunca debería serlo— el desacuerdo ideológico o político con su contenido, sino la escala de prioridades. Hasta qué punto, en un pliegue íntimo y escondido de nuestros mecanismos de decisión, damos preferencia a las informaciones o comentarios que se acercan a nuestros puntos de vista, es harina de otro costal. Inevitablemente, la carga genética del sesgo está presente en el momento de seleccionar informaciones y reportajes de acuerdo con nuestras conveniencias.

Cuántas veces reaccionamos también ante una serie de posibilidades otorgándoles primacía a aquellos materiales que caben mejor dentro del

10
Cuando no se publica lo que se debe

Resulta evidente que la forma más dañina y perversa de represión sobre el pensamiento es la censura previa. Pero es también la menos frecuente. Como recurso para intimidar al ciudadano y cerrar los cauces a la libre expresión del pensamiento, la censura previa se encuentra limitada en la actualidad a ese puñado de regímenes carcelarios que se disputan el raro privilegio de vivir, a estas alturas, anclados en el pretérito.

El casi medio siglo transcurrido desde que terminó la Segunda Guerra Mundial, y la velocidad del proceso que a fines de la década de los años ochenta liquidó los últimos vestigios del estalinismo en Europa Oriental, han hecho que las tijeras del censor pasen a la categoría de herramientas oxidadas.

Ahora los métodos son oblicuos, no directos. Los instrumentos y las tácticas son sutiles, no alevosos.

Del mismo modo en que la censura previa ha ido perdiendo fuerza para reprimir la creación, la palabra y la imagen, la autocensura se va abriendo campo insidiosamente y se consagra con respetabilidad y crédito.

Tan insólitos son ahora los casos de anatema, que el mundo entero reacciona con indignación cuando los jerarcas fundamentalistas iraníes pronuncian una sentencia de muerte contra Salman Rushdie, el autor de *Los versos satánicos*, un libro considerado por los ayatolas como temerariamente ofensivo contra la religión musulmana.

La inquisición que en la Edad Media llevó a la hoguera a las almas endemoniadas y privó de su libertad a los talentos creadores, resucita así en el atardecer de un siglo y en la alborada de un nuevo milenio, pero ya no en la forma de los antiguos procesos, en donde había que retractarse o perecer, sino con una atmósfera de temor, inseguridad y continencia. Hoy la doncella de Orleáns no moriría en la hoguera. Posiblemente la internarían en un hospital psiquiátrico.

estudiaron primero la silueta humana y luego abandonaron el dibujo clásico en busca de nuevas dimensiones de tiempo y espacio para las artes pláticas. Detenerse en el umbral didáctico de la pirámide invertida y las cinco preguntas a la que debe responder una noticia, es ponerle piedras al reloj en vez de arena. El tiempo sigue transcurriendo, pero no sabemos que hora es.

El *Código de la Televisión Italiana* prohíbe la crudeza del asesinato y la violación, el suicidio y el duelo como soluciones a los conflictos internos o entre individuos; la presentación de la eutanasia, la venganza y el sadismo, la exaltación de las drogas, el alcoholismo y la prostitución. Todos estas aberraciones están presentes en la conducta social de ese país, y el Código no interesa que la televisión las ignore. Sólo exige el tratamiento discreto y cauto de los temas cuando se trate de ficción o periodismo. Muchas veces la realidad más violenta que todos los *westerns* italianos juntos, y si se presentara sin maquillaje, en toda la ferocidad de sus formas más voluptuosas, sería intolerable. Pero la violencia exasperada y reiterativa, como la pornografía, son maneras de deformación tan espurias como una falsificación deliberada.

La conclusión se advierte fácilmente: de la misma manera como hay troqueles para el estilo de la comunicación que dejan al periodista en estado de adolescencia, también le impiden alcanzar la madurez los moldes para el contenido. Por tanto, algo esencial que el periodista no debe publicar es el texto sin oxígeno y el asunto adocenado. Ése es un deber ético consigo mismo.

ocurrió entre el pronunciamiento electoral y la inauguración del nuevo gobierno. El pulso de los acontecimientos, en la ondulación de los títulos periodísticos o el *lead* de las informaciones, hacia aparecer como pendencia callejera lo que en realidad parecía la emergencia, finalmente, de un nuevo orden político construido como culminación de un ciclo revolucionario de más de dos décadas.

UNIFORMIDAD Y DESPERSONALIZACIÓN DEL ESTILO

La zona gris del periodismo centroamericano se encuentra también en la uniformidad y la despersonalización del estilo. Escribir para los periódicos y trasmitir noticias para la televisión se ha convertido en un ejercicio anodino de fórmulas de redacción y énfasis reiterativos. En cuanto a la prensa escrita, parece inspirada en los mismos moldes de lenguaje y en un léxico de muy pocas variantes.

En la prensa televisiva y radial, la nota periodística original ha cedido su lugar, casi totalmente, a la entrevista con el personaje, la queja del líder comunal o la conferencia de prensa. La locución agrega una cadencia copiada de los noticieros internacionales. En una frase cualquiera abundan las esdrújulas, aunque los acentos sean graves o agudos saber cuánta información logra salvarse de la monotonía y la uniformidad, podría ser materia de investigación en los laboratorios de las universidades. De qué manera esta prensa gris e indiferenciada puede gravitar en la pérdida de influencia y de lectores, es algo que debería preocupar a académicos, directores, reporteros y empresarios.

EL ABANDONO DE LAS RECETAS

Por tanto los aspectos que no se deben publicar abarcan temas relativos a la sustancia y a la forma. La prensa centroamericana no sólo debería abstenerse de utilizar su poder para fines egoístas o unilaterales, sino que también debería contemplar el abandono de las recetas que la amarran a un proceso de desarrollo lento y a una vocación regresiva acelerada.

Como medio para inducir la incorporación de hábitos en el periodista, la enseñanza de la estructura piramidal invertida y la respuesta a las cinco cuestiones principales de qué, quién, cuándo, cómo y por qué, probablemente no desaparezcan del cubículo de las escuelas de comunicación colectiva. Pero las orejeras de la rigidez del estilo presente en la prensa centroamericana son, en parte, responsabilidad de que la educación del periodista no vaya más allá. Los más talentosos pintores no figurativos

con frecuencia escojo los periódicos que quiero leer no sólo por la forma en que escriben las noticias sino por la posición en que las jerarquizan.

Admiro la decisión editorial de *The Economist*, cuando al lado de las informaciones adustas y trascendentales de la política internacional desliza una nota de mil palabras acerca del estudio de la dentadura de los escualos y la manera como, contando sus capas de calcio, se averigua también la historia oceanográfica. Me reconcilia con mi profesión la lectura, en un lugar prominente de la primera plana de *The New York Times*, de un informe científico que cuestiona la sabiduría popular en torno al efecto de invernadero.

Lo que hace interesante el periodismo es la posibilidad de innovación. La liturgia de las salas de redacción incluye, ciertamente, oficiar sobre los hechos acaecidos, pero cuánto más estimulante resulta soltar la imaginación con el fin de iniciar la búsqueda de lo no aparente y darle fisonomía de noticia a lo extrasensorial y oculto.

LA TEXTURA Y LA SENSUALIDAD

Esa es la razón de fondo para evitar la enajenación. Si me pidieran señalar cuál es el mayor peligro que afrontan las publicaciones en América Central, y en general en las sociedades parecidas a las nuestras, no vacilaría en señalar que el de lo que Bertolt Brecht llamaba *verfrendum* o distanciamiento. Toda la textura, la sensualidad y la riqueza de nuestro entorno social e individual pasan a veces inadvertidas gracias al esfuerzo que hacemos los periodistas para medir el sobresalto o la tribulación.

Consume nuestras energías un esfuerzo por reseñar ya, por teléfono y a larga distancia, toda perturbación notoria que se mida por el número de victimas y la gravedad de las lesiones. Pero nuestra indiferencia por las transformaciones culturales es tal, que no pocas veces nos sentimos analfabetos para entender su lenguaje y auscultar su ritmo cardiaco.

La enseñanza de las técnicas de periodismo interpretativo ha dado a los periodistas jóvenes los instrumentos para separar la realidad presente en diversos planos; asomarse por encima de ellos para hurgar en los antecedentes; colocar los distintos elementos de una indagación en escorzo, preguntarse cuáles son sus repercusiones presentes, pero también las repercuciones futuras.

Pero la mayoría de los periodistas jovenes sólo emplean la herramienta recién adquirida en la pesquisa de lo sensacional y lo frívolo. Por ejemplo, la prensa centroamericana dio a las elecciones de febrero de 1990 en Nicaragua, la notoriedad de noticia de primera pagina y letras de molde de sesenta puntos. Sin embargo pocos órganos de prensa dejaron la antena puesta para detectar el fascinante juego de tensiones y conflictos que

La autocrítica no es frecuente entre los periodistas. Por el contrario, nuestra sensibilidad es tal que a menudo resulta subcutánea. Nuestra arrogancia nos lleva a cultivar una imagen de infalibilidad tan desmedida que, aun cuando nos sorprendan en un error, escondemos la rectificación o escamoteamos su importancia. Con el mismo empeño que publicamos noticias acerca de nuestros éxitos, ocultamos la información que nos perjudica. ¿Cómo y con qué autoridad moral, entonces, nos convertimos en árbitros de nuestros propios colegas?

Lo que distingue a la empresa periodística de otras actividades industriales y mercantiles es que siendo un negocio? no es exclusivamente un negocio. Si esto es obvio, también lo es el reconocimiento de que los periodistas y los periódicos debemos comportarnos como si trabajáramos para una institución y no para una tienda.

EL PERIODISMO AGORERO

Obstinados discípulos de Casandra, los periodistas hemos adquirido la fama justificada de aves de mal aguero para quiénes sólo la catástrofe, el conflicto y la violencia tienen entidad como noticia. La percepción no es del todo correcta, y ahora son más los periódicos que dedican secciones y paginas a exaltar las virtudes y las conquistas del ser humano y no sólo el traspiés de los políticos. Sin embargo, es preciso reconocer que, según parece un destino superior nos tiene atrapados en la penumbrosa jaula del pesimismo y la derrota. No se quien me contó la anécdota del empresario que quiso publicar un periódico sonriente y lo tuvo abierto sólo durante unas pocas semanas porque nadie lo compraba. Me parece desmesurada. *Time* descubrió hace mucho tiempo el filón de las noticias que no causan estupor ni erizan el cabello. Y hay una revista de éxito publicada por el consorcio de *Time*, llamada *People*, cuyo hilo conductor es precisamente la victoria del espíritu.

Los voceros del Apocalipsis siempre tienen a mano el argumento de que la virtud y la normalidad no son mercancías valoradas por los lectores. Por el contrario, dicen, lo sensacional, lo pecaminoso y lo extravagante, la violación de la ley y no su cumplimiento, la catástrofe y no la rutina, tienen un valor pecuniario indudable. Sin embargo en la estructura del periodismo sensacionalista no siempre esta depositado únicamente el afán de enriquecimiento. Algún resorte psicológico debe tocar también en el empresario y el periodista, que de esa manera satisfacen frustraciones inconscientes.

No quiero que se me atribuya abogar por una prensa insípida y sin contrastes y, menos aún, por una prensa que trate deliberadamente de poner un velo sobre la acidez y la crudeza de la realidad cotidiana. Pero

MONOPOLIO Y OLIGOPOLIO

Hace algunos años hubo en Costa Rica un movimiento para sancionar a un pequeño periódico matutino por la publicación, frecuente en su estilo y contenido, de una fotografía degradante y de mal gusto de una mujer semidesnuda, víctima de la violencia sexual. Algunos medios informativos y colegas quisieron llevar el caso a un tribunal de ética en busca de un castigo moral para su director. Otros fueron más allá: abiertamente propiciaron una declaración, que finalmente no se produjo, en el sentido de la prensa costarricense se sentía avergonzada y no reconocía como parte de la familia nacional de publicaciones a aquel cotidiano calificado de amarillista e indecente.

Un clima de libertad es indispensable para que los periódicos y los periodistas satisfagan la elevada misión de la que son responsables. Sus componentes son la ausencia de coacción, las reglas jurídicas claras y consistentes a las que deben someterse, la presencia de un sistema judicial honorable y eficaz. Sin esos componentes, el clima de libertad no existe o tiende a restringirse. Desde luego, la censura previa es la primera y la más evidente de las restricciones en un régimen represivo pero no por sutiles son menos importantes las garantías que aseguran una relación de equidad con la autoridad pública, sin privilegios ni discriminaciones, y la libre competencia.

La prensa es acusada frecuentemente de amparar en una moral doble. Por un lado, exige del Estado reglas de juego equitativas, pero por otro incurre en conductas monopolíticas u oligopolistas. El invisible pero seguro sistema de frenos y contrapesos que caracteriza a una sociedad abierta y plural , a menudo se encarga de restablecer el equilibrio por sí solo, sin necesidad de la intervención del Estado. Pero la prensa, en especial la llamada electrónica, no debe perder de vista el privilegio de que disfruta por haber llegado primero y el deber en que esta, por tanto, de aplicar a su propio mercado las normas de libre concurrencia que predica para otros agentes comerciales.

A menos que estén de por medio supremos intereses éticos o razones de clara conveniencia nacional, el periodista debe pensar muy bien en la publicación de una noticia que pueda restringir el mercado de las ideas y las opiniones. No se encuentra entre sus deberes ayudar a que otros medios de comunicación subsistan y prosperen, pero si figura en su decálogo la obligación de no obstaculizarlos.

En el caso del matutino costarricense de estilo sensacionalista por más que nos coloque como periodistas en una situación embarazosa, nuestro único consuelo es confiar en el juicio inapelable y certero de los lectores. Constituirnos en jueces de quién debe informar y quién no, y de cómo debe hacerlo, es el acto supremo de egolatría y prepotencia.

ción de los mensajes publicables. Una guia de criterios para cernir las que merecen ser trasmitidas y las que acabaran en el cesto de papeles de la amnesia colectivos puede ser útil para el periodista que se enfrenta, atónito, a una multiplicidad de estímulos informativos y no sabe por donde empezar.

LOS INTERESES PROPIOS

No sólo por razones de delicadeza, sino porque es contraria a la misión social de la prensa, la confusión de los objetivos de la comunidad con los propios marca, a mi juicio, la periferia de lo que se debe o no se debe publicar. A menudo los periodistas identificamos el interés personal con el de los lectores. Creemos que un acontecimiento adquiere relieve nacional por el hecho mismo de que participemos en él. De acuerdo con esta interpretación cuanto concierna a las autoridades y a los jefes del medio informativo adquiere *ipso facto*, el rango de noticia. Y como el público conoce sus vanidades y la fatuidad de sus poses, a menudo seduce al periodista con homenajes, premios, viajes y asambleas en las cuales se le invita a presidir o participar. Esa es la manera más segura de salir en letras de molde, de inducir al periódico o al noticiario a *cubrir* el evento con reportero y fotógrafo. Son pocos los editores y los periodistas que advierten a la Redacción que su nombre no debe aparecer excepto cuando firman un articulo o son, en realidad, responsables de haber originado una información de interés publico. Los reporteros, por su parte, saben cual es la larva y como causa el prurito. El mayor despliegue de diligencia de que son capaces se da cuando tienen que informar de una condecoración o un homenaje a sus jefes.

De igual manera, no siempre los propietarios del periódico son los que abiertamente proponen una investigación o un reportaje acerca de sus actividades privadas, sus inversiones comerciales, sus negocios y sus viajes. Algunos tienen el recato de establecer una separación tajante entre su propia esfera de intereses y los de la comunidad. Pero entonces son los mismos periodistas los que, en busca de un halago innecesario, despliegan una suerte de servilismo que se convierte fácilmente en servidumbre.

El ejercicio del periodismo se transforma en una hermosa y reconfortante profesión cuando el medio informativo no es arrogante; cuando publica opiniones y noticias que no le favorecen; cuando con humildad y sin reticencias acepta sus errores y los rectifica; cuando no vacila en darles curso a temas que trascienden, e incluso contradicen, el interés privado y mercantil de la empresa.

9

Cuando se publica lo que no se debe

ESTÍMULO Y SELECCIÓN DE IMPULSOS INFORMATIVOS

Es frecuente encontrar en los códigos de deontología periodística la afirmación de que la prensa debe publicarlo todo, esto es, todas las noticias que merecen ser publicadas. *All the news that's fit to print,* para decirlo con el lema de *The New York Times.* Por tanto, la regla no se refiere necesariamente al universo informativo total y sus alrededores sino a las noticias, los comentarios y las opiniones situados en el marco de competencia de una persona, una ciudad, un país y, por supuesto, que se sean pertinentes en un momento dado.

Las cinco mil millones de personas que habitan el globo terráqueo y el más de un centenar y medio de naciones que les dan abrigo son fuente de informaciones de todo carácter, dimensión e importancia. A la avidez por conocerlas y la velocidad con que se trasmiten es preciso agregar la multiplicidad de los medios de comunicación y la forma en que desbordan las fronteras cruzan los océanos y penetran el microcosmos. En estas circunstancias, la inversión de la premisa periodística —que publicar— transforma el problema esencial del profesional de la noticia en *qué no publicar.*

Ni la suma de toda la capacidad de almacenamiento de datos seria susceptible de alojar ese verdadero alud de información. Aunque se asociaran todos los computadores del mundo en un intento por ordenar y archivar la parte más recordable de las noticias diarias, no tendría sentido para el hombre coleccionarlas. El periódico diario, el noticiero de radio y televisión, las revistas semanales y toda hoja periodística que se propongan alcanzar sus objetivos de una manera útil deben, por tanto capacitar a sus profesionales en la tarea más eminente, perentoria y crítica: la selec-

algarabía. Al parecer, los nicaragüenses tenían la consigna de que aquella jornada debía culminar con las emociones contenidas e íntimas que caracterizaron la votación del domingo. Pero esa mañana circularon los diarios. Cuando los datos oficiales del Consejo Supremo Electoral daban ya a Violeta de Chamorro una victoria por más de trece puntos porcentuales, uno de ellos, *Barricada*, encabezó la noticia en primera página así: "Elección apretada". Otro, *Nuevo diario*, se las arregló para sustituir el recato con el desenfreno: "Ventaja de Bush".

Esa misma noche, el clima que la prensa estaba tratando de crear se tradujo en los primeros disturbios. El cianuro de los títulos de la prensa nicaragüense hacía sus efectos, pese a la clara conciencia cívica de todo un país en torno a la necesidad de impedir el desbordamiento de la pasión.

13. La noticia en estado de pureza. La prensa política, politizada, comprometida o instrumentada camina entre desfiladeros y riscos, entre abismos y promontorios. Víctima de una pasión momentánea, puede abrazar una bandera o protegerse con un escudo que la arrastre al mismo incierto destino de las ideas o los liderazgos preferidos. Sus momentos de gloria serán como estremecimientos de júbilo que inyecten energías para los entredichos y los predicados siguientes, pero también alentarán una sensación de confianza omnipotente que los induzca a considerarse invencibles. Sus episodios de congoja pueden sumir en la depresión, pero también soplar el rescoldo y encender nuevamente la brasa.

En todo caso, este tipo de periodismo de praderas y montañas, esta accidentada geografía de la acción política en síntesis con la función informadora y formadora, tiene tantas recompensas como miserias. Pedro Joaquín Chamorro Cardenal decidió, como Otilio Ulate a mediados de este siglo, que no valía la pena vivirla de otra manera.

En el fondo, los que predican la sobriedad del periodismo actúan bajo la influencia de las instituciones periodísticas más admiradas hoy en día por los anglosajones. Pero cualquiera que sea el caso, el consejo de Mario Benedetti se aplica por igual a los partidarios del ariete o del arado.

En un encuentro de periodistas realizado en Cuba, hace algunos años, el ilustre escritor uruguayo dijo:

> La noticia en sí es territorio sagrado. Es a partir de la noticia no manipulada, de la noticia en estado de pureza, que el medio de izquierda tiene pleno derecho a dar su opinión, a esclarecer el contexto del hecho noticioso, a explicar los antecedentes y a formular el pronóstico. Pero si la noticia en sí es omitida, o parcialmente censurada, o desvirtuada en sus datos esenciales, la opinión editorial perderá buena parte de su legitimidad. Por contundentes que sean los argumentos esgrimidos, estarán parcialmente invalidados por la mutilación del acontecimiento que es objeto de la información.

Los índices de aprobación de las encuestas no significan necesariamente una visa para pasar del reino de los admirados al coto de los elegibles. Los ejercicios en seducción de que son víctimas los muchachos de la prensa cuando trabajan en medios informativos populares, terminan tan pronto como el periodista deja la pluma y abre el protocolo de notario o llega a la cátedra universitaria. No se los lleva consigo. Otro sube de inmediato para disfrutarlos.

12. Los títulos con cianuro. Jorge Carpio Nicole, en Guatemala, y Violeta Barrios de Chamorro, en Nicaragua, guardando las diferencias, saben de lo que hablo. Ambos son directores de diarios en función política. Carpio está haciendo su segunda incursión en el terreno electoral. La señora de Chamorro acaba de concluir con éxito la primera.

El Gráfico y *La Prensa* fueron determinantes en el tránsito del periodismo a la política. El ambiente para la prensa en sus respectivos países facilitó el paso de un papel a otro.

En Guatemala, como en El Salvador y en Nicaragua, el periodismo no sólo tiene un compromiso con la verdad: tiene una obligación con los ideales de la democracia, en términos políticos, económicos y sociales. Se encuentren a la derecha o a la izquierda o en el centro, los periódicos en esos países sufren los embates de la intolerancia y el dogmatismo. Sus propietarios, directores y escritores son combatientes. A menudo pagan un precio muy alto por la defensa honorable de sus convicciones: su propia seguridad física o la de sus familias, el patrimonio personal está a merced de guerrilleros francotiradores, terroristas encapuchados, soldados con guantes blancos, secuestradores aviesos.

A principios de la década de los ochenta, cuando *La Prensa* de Nicaragua iniciaba otro ciclo de su eterna confrontación con la arbitrariedad, la represión y la intolerancia, la fundación Nauman de la República Federal Alemana me pidió que ayudara profesionalmente al periódico de Pedro Joaquín y Violeta.

Recuerdo que en un seminario con los periodistas, en el hotel Camino Real, abogué por escribir títulos y pies de fotografía sin comentarios ni sesgos. Un periodista se mostró sorprendido por aquel consejo sacado de los prolegómenos del periodismo: ¿Cómo?, ¿hacer títulos sin cianuro?

Diez años después, el día 25 de febrero de 1990, los nicaragüenses dieron al mundo una lección de democracia y retornaron a sus viviendas tranquilamente, con el recogimiento de quien acaba de cumplir con un sacramento.

Tras hacer fila durante varias horas bajo el cenit de fuego de Managua, observé a miles de ciudadanos depositar su voto en silencio, como si no hubieran hecho otra cosa en su vida que ejercer el sufragio libremente.

En la mañana del lunes, después del discurso del presidente Daniel Ortega en el que reconocía la derrota, no hubo la menor explosión de

pronto perdieron ímpetu los hechos políticos, de los que habían sido protagonista y agente.

Cuando Ulate llegó a la Presidencia de la República en 1949, los que trabajábamos en el *Diario de Costa Rica* nos dimos cuenta de cómo el periódico se fue convirtiendo en un órgano semioficial u oficioso, en cuyas columnas era inevitable advertir la presencia del gobernante. Como redactor del periódico encargado de las informaciones de la Casa Presidencial, Ulate me dictaba editoriales y algunas de las gacetillas y se servía de un vespertino llamado *La hora* para lanzar globos de ensayo sobre los funcionarios y colaboradores de su propio gobierno.

La identidad entre el líder político y el periodista rendía fugaces dividendos al primero, en detrimento permanente del segundo. Los estertores de la agonía del *Diario de Costa Rica* fueron tan convulsos como su auspiciosa carrera hacia la cumbre.

11. El espejismo de la omnipotencia. Pero lo contrario puede ser también cierto. El fenómeno no es siempre el de un movimiento político y un líder en ciernes que buscan en la fundación del periódico el instrumento de divulgación y proyección electoral. También está erizada de riesgos la tentación de que el periodista interprete el poder de la prensa como atributo no sólo transferible a su persona, sino utilizable en provecho propio.

Los periodistas jóvenes son las primeras víctimas del espejismo de la omnipotencia. Cuanta mayor sea la circulación, la popularidad y la audiencia de un periódico o un noticiario, más fácil resulta acreditarse la posibilidad de influencia sobre la toma de decisiones individuales o colectivas como parte del patrimonio de quiénes escriben o hablan en él.

Recurren al periodista grandes y poderosos, pero también novicios y monaguillos en todo aquel oficio en el que el éxito esta condicionado a la aprobación, confirmación y favor del público. Lo halagan con el trato amistoso y le proponen ventajas y privilegios, con el fin de que lo inocuo aparezca como importante y el interés privado se transforme en interés público.

Tutear al jerarca y llamar al teléfono privado del hombre de pro son parte de esta prodigiosa alquimia en la que un reportero apenas graduado roza con un mundo de halagos y recompensas. Le bastaría a este joven periodista con quedar cesante, dejar de firmar artículos o no hablar más ante el micrófono, para comprender cuán rápido se esfuman las glorias de este mundo.

Pero cuando la trayectoria es sostenida y la consideración se expande en círculos concéntricos, es inevitable el momento en el que se interpreta como fuerza centrífuga, y no centrípeta. El mensajero se confunde con el mensaje y adquiere primacía sobre éste. De ahí a postularse para diputado sólo hay un paso.

la prensa en manos del gobierno o proclive a él los diarios de la editora Renovación, comprometidos financiera e ideológicamente con el general Omar Torrijos y, más tarde, con el general Manuel Antonio Noriega obligó a los sectores privados independientes a fundar *La Prensa*, con Roberto Eisenman a la cabeza.

Los vaivenes de la política panameña han sido determinantes en la suerte profesional y económica de estos periódicos: en los peores años de la represión norieguista, *La prensa* fue clausurada y Eisenman enviado al exilio. La invasión de Panamá y la captura de Noriega determinaron el retorno de Eisenman, la reapertura de su diario y una situación de capa caída para los diarios de la Editora Renovación, ahora devueltos a la familia propietaria. Sólo la centenaria *Estrella de Panamá* parecía tener la capacidad para sobrevivir las peores y más adversas circunstancias, aunque desaparecida la dictadura, también se dobló el toldo de buena suerte que la protegía.

10. Entre el púlpito y la barricada. De esta manera, observamos que en la región más estrecha de América abundan los ejemplos de una prensa comprometida con partidos, sectas, campañas electorales y hombres públicos. Pero no siempre se trata de organizar un medio informativo *ad hoc* con el fin de impulsar una candidatura u ofrecer una opción política diferente. El caso de *La Nación* en Costa Rica ilustra la situación en la que el periódico no respondía a intereses electorales inmediatos, aunque es bien conocida la historia: los fundadores querían ofrecer una alternativa en la pugna entre el *Diario de Costa Rica* y *La Tribuna*, bajar el tono de la beligerancia y mostrar al público la posibilidad de una información políticamente menos sesgada, pero sin dejar dudas —editoriales, al menos— en cuanto a cuál de las dos propuestas le merecían más confianza.

En cambio, el *Diario de Costa Rica* era la barricada y el púlpito para Otilio Ulate, el órgano de comunicación del partido opositor, el de las inflamadas proclamas patrióticas, las exhortaciones a la resistencia pasiva, el verbo quemante contra los vicios de la época. Hasta que punto el *Diario de Costa Rica* sirvió de pedestal a quien ya de todos modos era una figura política prominente, hasta dónde el periódico fue instrumento del periodista y no a la inversa, es un tema que conviene analizar.

Ulate era un cruzado. Tanto con la pluma como con el discurso se había convertido, más que en el inspirador de todo un movimiento político, en el símbolo de una reivindicación moral. Pero el *Diario de Costa Rica* era un periódico lleno de vitalidad, el que en 1919 asumió el liderazgo que dejaba *La información* en la prensa nacional y el que tenía la mayor circulación en el país durante la década de los 40.

Hasta qué punto fue el periódico el que lucró con el prestigio del periodista es una cuestión académica. Lo cierto es que ambos, el periodista y el periódico, escalaron rápidamente la cima... y descendieron tan

explica, en gran medida, por la colisión de los dos titanes de la prensa costarricense de entonces, *La Tribuna* y el *Diario de Costa Rica*.

El éxito del periódico *La Nación*, fundado en 1946, también tiene una explicación en esa guerra de papel de imprenta, a veces más cruenta e implacable que la lucha en las calles, en la que las víctimas eran el buen nombre, la reputación y la fama de las personas, la ponzoña envenenaba el aire y los cuarteles se llamaban talleres de imprenta. De pronto, en medio de la encarnizada batalla de las noticias espectaculares y los artículos de fondo, un periódico pequeño apareció con una tónica mesurada y un mensaje sin vinagre. No se pudo evitar la convulsión social y el país fue a la guerra. Pero cuando se aplacó la furia de dos grandes colosos de la prensa, se enmohecieron sus linotipos y quedó, por algún tiempo solo, el estandarte de la moderación.

8. El caso de Excélsior. También los periódicos pueden ser trincheras, pero con la misma facilidad se convierten en hogueras. Ese fue el caso en Costa Rica, de *La información*, que sucumbió en llamas, literalmente cuando se desmoronaba la dictadura de Federico y Joaquín Tinoco en la segunda década de este siglo.

Periódicos políticos, o altamente politizados, ha habido en América Central en abundancia. *La Hora*, de Clemente Marroquín Rojas en Guatemala. *Flecha, La Prensa* y *Novedades*, en Nicaragua, protagonizaron durante varias décadas la lucha entre la oposición cívica nicaragüense y la dictadura de la familia Somoza, para crear un tipo de periodismo digno de una consideración especial.

Más recientemente, en la década de los setenta, en Costa Rica se creó *Excélsior*, un diario fundado con la finalidad de contrarrestar la influencia de *La Nación* y convertirse en vocero extraoficial del partido Liberación Nacional, en aquel momento en el gobierno, pero sin un órgano de prensa a su servicio.

Excélsior logró poner en jaque a *La Nación*. Con los mejores recursos intelectuales, financieros y empresariales a la orden —las mejores mentes del partido en lo relativo a periodistas, escritores y administradores profesionales— se lanzó a la aventura de hacer un periódico inteligentemente partidario, pero a ciento ochenta grados de distancia de *La Nación*.

Los propulsores del proyecto adujeron el boicot de las agencias de publicidad para explicar su desaparición. Sin embargo, si *Excélsior* hubiera atraído al menos la cuota publicitaria del Estado y sus instituciones, y una porción razonable de los miles de afiliados a Liberación Nacional, habría podido subsistir. Tiempo y recursos tuvo para ello. *Excélsior* entregó su última edición con una dolorosa nota en primera página: sus empleados mismos protestaban por haber sido víctimas de una desilusión y de un desengaño.

9. La buena estrella. En Panamá la polarización de todo un sector de

mente narrado, acerca de las experiencias de Lawrence Durrel a lo largo del Nilo. La cámara seguía al autor de *El cuarteto de Alejandría* en un recorrido por escenarios y al encuentro de personas que más tarde convertiría en tema literario.

El noticiero hablaba de lo acontecido en el mundo y en el cono sur del continente a través de un diafragma que sólo dejaba pasar la luz blanca y se cerraba a la luz negra. Ese mundo idílico en nada se parecía al que, por la ventana del hotel, se veía desfilar por las aceras. Era una Sudáfrica sin el dolor irracional del racismo, una metarrealidad de sueño de hadas, la ficción de un país sin odios ni conflictos. Pero no el país que pude ver semanas más tarde en las calles enlodadas de Soweto.

6. El periodista y el político. En Costa Rica, después de las elecciones de febrero de 1990, en la prensa se habló de la dualidad de un sistema económico que producía bienestar, empleo y holganza para una parte de la población, mientras a otra le tenía reservadas la marginación, el desplazamiento y la miseria. Un candidato pudo detectar esos bolsones de retraso en medio de tanta bonanza, apeló a los habitantes de los tugurios, los parceleros y los peones agrícolas subempleados, los hombres de piel oscura y curtida de los litorales. El candidato ganó la elección.

La intuición del político tuvo más poder que la prueba de las encuestas. El mensaje de éstas no era explícito. ¿No es extraño que fuera un abogado, y no un periodista, el que pudo advertir el subsuelo de aquella contradicción y convertirla en caudal electoral?

En los centros académicos pacientes investigadores tomaban conciencia de los mismos procesos de desgaste social y ajuste económico y daban en la cátedra, o en la revista, la voz de alerta.

¿No es extraño que fueran los profesores universitarios los que detectaran, antes que los periodistas, los carcinomas del tejido social que habrían de reflejarse después en una decisión electoral?

7. La historia de tres diarios. En América Central se tiene la heredad de una prensa politizada y beligerante, pero no la tradición de una prensa que no haga ruido, que silenciosamente abra el surco, que se separe de lo inmediato, que sea capaz de ver más allá de la baraja de los primeros planos.

Los pleitos políticos son, por lo general, pleitos entre periódicos. En Costa Rica, se fundaron órganos de prensa con el único fin de participar en una contienda electoral y, concluida ésta, con victoria o con derrota, no supieron que hacer en el gobierno o en la oposición.

Don Otilio Ulate hizo su campaña electoral en 1947 y 1948 en la tribuna pública y en los títulos, las noticias y los editoriales de su *Diario de Costa Rica*. Ganó la batalla y obtuvo la Presidencia de la República, pero, ¿hasta qué punto cultivó en el país el gusto por el heroísmo informativo y dejó sentado el precedente del periodismo épico? No lo sabemos. El amargo clima nacional en el que se desencadenó la guerra de 1948 se

2. Objetividad y esterilidad. La objetividad en el periodismo no es sinónimo de esterilidad. La realidad no nos es ajena. Nos sumergimos en ella gracias a la retina de nuestra formación y de nuestros valores culturales. No está claro cuánto de lo que observamos como un dato fuera de nosotros forma parte de esa experiencia individual y social. No está claro tampoco cuál es la medida en que la carga de nuestras propias percepciones determina la sustancia y condiciona la forma de las noticias acerca de las cuales debemos informar.

Si no fuéramos tan jactanciosos, si tuviéramos humildad, reconoceríamos que entre el objeto del que debemos informar y nosotros mismos "existe una relación mutuamente condicionante que inevitablemente trasmitimos al público, y que éste acepta como el sesgo —el *bias* de los anglosajones, el *parti pris* de los franceses— natural de los medios de comunicación. No es necesario ofrecer disculpas por este sesgo, pero tampoco es honesto actuar como si no existiera.

3. La gloria y el duelo. El rasero de la honradez con que se mide un medio de comunicación no es en cuál posición intelectual, política o ideológica se encuentra, sino en qué medida hace bien su trabajo; no sólo cuales son las cuotas de información que brinda al público, sino el balance entre unas y otras y de qué manera los ingredientes de la receta satisfacen, simultáneamente, la avidez de información sobre el hoy, el aquí y el nosotros, y el mañana, el allá y el ellos.

Por tal motivo los grandes diarios son aquellos que no omiten el conflicto, la catástrofe, el accidente. El material de que están hechos abarca el duelo, el desgarramiento y el triunfo, pero también tienen habilidad para indagar el pasado y abrir la cripta del presente y son capaces de hacer visera con la palma de la mano para otear en busca de los signos del mañana.

4. El rumor del galope. A menudo ocurre que esos grandes medios de comunicación nos dejan perplejos con una información que parece extraterrestre, pero que si la guardamos para hojearla más tarde, quizá meses después, adquiere dimensiones y sentido.

Era impresionante ver en las películas de vaqueros e indios cuando éstos se bajaban del caballo, ponían el oído a ras del suelo y escuchaban el galope de los jinetes a millas de distancia.

Los grandes medios de comunicación tienen la capacidad hipersensorial de medir la intensidad del rumor sordo de los torbellinos, la dirección de los alisios tanto como de los huracanes, la trepidación imperceptible de los sismos. Y de hacerlo sin recurrir a la extensión y profundidad del ensayo, ni a la búsqueda de la filosofía.

5. La esquizoide visión de la realidad. Veo en la prensa de América Central una enajenación de la realidad. Me recuerda a veces mi viaje a Africa del Sur a principios de la década de los ochenta. La noche de mi llegada a Pretoria prendí la televisión y vi un plácido reportaje, exquisita-

8
La experiencia de la prensa política en América Central

En un mundo como el de hoy, donde tienden a ser irrelevantes las distinciones entre izquierda y derecha, los muros se desmoronan y los *gulags* desaparecen; en donde los imperios se fragmentan y las nacionalidades abren sus celdas, parecería ocioso comenzar este capítulo con el recordatorio de que todavía hay gente en América Central —como en el Sudeste Asiático, el Oriente Medio, África y algunos otros reductos de la prehistoria política que se mata o se ciega para conservar privilegios o defender posiciones doctrinarias. Los argumentos son a veces tan precarios, las preguntas tan ingenuas, el color tan matizado y el sesgo tan sutil, que los juegos de palabras sustituyen a los verdaderos razonamientos. ¿Es la empresa privada la que produce libertad, o es la libertad la que produce a la empresa privada? Los lemas y los estribillos se convierten en atajos del pensamiento y en rejas para la imaginación. Si al menos los periodistas nos pusiéramos de acuerdo en unos cuantos conceptos fundamentales para elaborar, con base en ellos, la teoría de los sesgos, ganaríamos mucho en la comprensión del oficio y en la inteligencia del papel que nos toca desempeñar en nuestra sociedad.

Por ejemplo:

1. Publicar el grano. Decir que la prensa puede ser neutral, pero no neutra, no es una entelequia. Podemos informar con exactitud y buena fe, opinar con objetividad y honestidad, siempre que no pretendamos meter gato por liebre, es decir, siempre que no confundamos la interpretación con los hechos en los que se basa, o no intentemos deslizar como noticias lo que en el fondo son editoriales. Tenemos que aprender la lección: hay ciertos hechos respecto de los cuales podemos tener certidumbre, pero también hay muchos otros de carácter intangible o especulativo que no permiten más que conjeturas.

- Adoptar una política de relación clara y consistente con gobiernos extranjeros en cuanto a invitaciones a los redactores y jefes. Parte de las normas debería ser la exigencia de que en los casos autorizados el redactor presente a la Dirección, sin compromiso de esta de publicar, un detalle de su viaje.
- Crear la reserva de continuar con la educación universitaria y de adiestramiento, según las posibilidades de la empresa y las necesidades de la Redacción.

¿Es el rigor de un decálogo, unilateralmente puesto en vigor por la empresa, suficiente para enderezar los entuertos de una profesión que unos intentan tomar por asalto y otros por soborno? La polarización de sectores sociales en pugna, los conflictos armados y la crisis económica son el origen de los riesgos y asechanzas a que están sometidos los periodistas en América Central. Los propietarios de los medios de comunicación, las asociaciones gremiales y profesionales, los centros de enseñanza y los periodistas mismos tienen escaso control sobre los que se podrían llamar factores exógenos. Pero el periodista se encuentra involucrado en la trayectoria de los grupos sociales en mayor medida que otros profesionales. Su materia prima no es el litigio ante los estrados de justicia, ni su escenario el quirófano, ni su misión la cátedra. Sea de manera pasiva o activa, el periodista se ve obligado a desempeñar un papel en la interacción de esos grupos y en la pugna de los individuos. Cuando se trata de un papel testimonial o cuando se asoma a una función protagonista, la telaraña de los intereses creados puede dejarlo preso de sus propias debilidades y apetencias. Por tanto, rodearlo de las mejores garantías profesionales y salariales resulta esencial para el cumplimiento de los objetivos trascendentes de su oficio. Pero más importante es permitirle que se gane el respeto y la tolerancia de aquellos a quiénes va dirigido su trabajo. Una sociedad que no respeta la disensión del intelectual ni retribuye la honestidad del periodista, se arriesga más a naufragar de lo que supone.

Pretoria para visitar durante tres semanas África del Sur. Yo había puesto como condición que se me permitiera señalar mi itinerario y las personas, agrupaciones y grupos étnicos con los que quería hablar. Me interesan especialmente los mulatos o *colored*, los descendientes de indios, los xosas y los zulúes. Tengo que confesar que no esperaba un cumplimiento tan escrupuloso de mis deseos por parte de la nación anfitriona. Recuerdo que sólo me negaron la posibilidad de visitar a Nelson Mandela, que por entonces tenía ya descontados 17 años de la cadena perpetua a que se le condenó en la isla de Robben, frente a Ciudad del Cabo. Cuando regresé de aquella dolorosa e inolvidable experiencia, escribí una serie de artículos titulada "Un país al borde de la ruptura". El Cónsul de África del Sur en San José los tradujo y los envió a Pretoria. No supe nunca cuál fue la reacción oficial; pero cuando repaso mis impresiones sobre el *apartheid*, supongo que las encontraron subjetivas y exageradas. Para mí, fueron como una profecía.

Las empresas y los periodistas tienen un sexto sentido que les advierte cuando estas invitaciones no comprometen y dentro de cuáles límites pueden moverse unas y otros para que la moderación no se convierta en Sianí, ni la indulgencia en libertinaje. Algunos de los siguientes consejos pueden servir de guía en los casos de conflicto.

- Vigilar las escalas de salarios profesionales, con el fin de que la remuneración del periodista no quede rezagada en relación con la de actividades con un nivel académico parecido.
- Mantener un balance entre las inversiones en mejoras y nueva tecnología de producción, y las inversiones en recursos humanos. Si es preciso señalar prioridades, darles prelación a éstas.
- Dada una escala de salarios razonable, exigir dedicación exclusiva y hacer explícitas las reglas en el sentido de que está prohibido trabajar para otro patrono, esporádico o permanente.
- Estudiar los casos conocidos de *moonlighting*, para hacer una escrupulosa discriminación de aquellos que no presentan conflictos de interés potenciales para la empresa o para el periodista.
- Otorgar al periodista todas las garantías y seguros complementarios para él y su familia, que compensen los riesgos profesionales y políticos a que se halla expuesto.
- Establecer y hacer explícitas las reglas respecto a regalos, bonificaciones y viajes por invitación de gobiernos, instituciones o empresas privadas.
- Señalar el marco de referencia de las relaciones entre la empresa periodística, el Estado y sus clientes comerciales acerca de las relaciones públicas de éstos y el tratamiento que se les dará a las informaciones cuyo contenido no sea de interés general.

y comida. Pero a la hora del desayuno, el Secretario de Prensa pasaba dejándole un sobre a cada uno de los miembros de la comitiva de informadores. Eran los "viáticos". Y una mañana, cuando el Secretario de Prensa no apareció y los periodistas tenían que regresar, uno de ellos fue a despertarlo "para que no se le fuera a olvidar". El periodista de *La Nación* fue el único en no aceptar la dádiva. En ese país, *cubrir* las casas de gobierno acarreaba esas gangas: dinero en efectivo, en un sobre cerrado, sin recibo ni comprobante. Por supuesto, el periodista que no recogiera el discurso completo del jefe de Estado o que pasara por alto un hito importante en el recorrido, podía ser sancionado, en otra oportunidad, con una recompensa menor o si la falta era grave, quedaba fuera del reparto.

Sin cambiar de ubicación geográfica, la costumbre de ciertas empresas periodísticas era hacer menguados incrementos de salarios y pagar a los periodistas con una buena fuente. La mejor era sin duda la de Hacienda. El afortunado redactor de las noticias fiscales actuaba también como una suerte de agencia de publicidad en pequeño para las relaciones comerciales y publicitarias entre esa dependencia y el periódico. ¿Su ganancia?, una comisión sobre los espacios que la publicación facturaba al ministerio correspondiente o a cualquiera de las entidades comerciales controladas por éste. Por esta intermediación financiera, el periodista podía percibir, según fuera la estación comercial, de cinco a diez veces más que su salario de planilla. El redactor de Hacienda no tenía que preocuparse por contribuir a la seguridad social. Su retiro estaba asegurado mientras cumpliera sus compromisos con el periódico y con el ministerio.

EL TURISMO PERIODÍSTICO

Ciertos países desarrollados han puesto de moda la invitación a periodistas del Tercer Mundo como un medio para mejorar las relaciones y la comprensión mutuas. El periodista va, recibe atenciones, obtiene entrevistas y, cuando regresa, escribe sus impresiones de viaje, a menudo acuarelas de armonía y progreso en colores brillantes; anecdotarios en los que se habla del servicio de las líneas aéreas, las novedades de la vida nocturna, los museos y los zoológicos y una que otra cifra sobre la situación económica y cultural. Ese periodista sera invitado más tarde a unirse a la sociedad de amigos del país anfitrión, una especie de enlace cultural permanente que lo convierte en parte de una misión diplomática informal y de bajo costo. Cuando un dignatario visita el país, o un grupo artístico o deportivo sale de gira, el periodista recibe la oportunidad de una entrevista *en exclusiva*.

Pero no siempre quien paga la música manda en el baile. En 1980, *La Nación* me autorizó para que aceptara una invitación del gobierno de

ción no dejaría pasar como noticia un anuncio de carácter comercial por más ropaje de interés público que lo envuelva. Además, no siempre es fácil establecer la separación entre la parte del mensaje a la que se constriñe el interés noticioso y la manera en que afecta también positivamente la *imagen* del gobierno, la asociación patronal o la institución pública. Sin embargo, cuando el *moonlighting* sube de los territorios de la redacción a los de la jefatura, en donde por lo general son mejores los salarios, una necesidad básica de supervivencia se convierte en una corruptela.

Es aquí donde la crisis económica no es suficiente para explicar el deterioro moral de las publicaciones periodísticas afectadas y la perdida de la credulidad del lector, televidente o radioescucha. Como se mencionó en otro capítulo, en ocasiones son las empresas mismas las que, ávidas de recoger anuncios, no vacilan en maquillarlos como si fueran información editorial. En esos casos, el deterioro moral ha subido todos los escalones. El empresario periodístico no puede predicar deontología a los subalternos, si carece de la autoridad moral para dar el ejemplo.

LAS CONSAGRADAS FORMAS DE COMPROMISO

Todo el mundo reconoce la importancia de que el periodista enriquezca su acervo cultural, pero también todo el mundo acepta que con su raquítico salario no puede frecuentar los lugares, clubes, ambientes y países que robustecerían su experiencia vital. Por tanto, existe una suerte de indulgencia colectiva ante la aceptación de invitaciones, recompensas o regalos que abruman al periodista. La empresa misma los busca como una manera de obtener informaciones y reportajes que de otro modo no podría brindar a sus lectores.

Por supuesto, no entran en esta categoría el receso para café en la conferencia de prensa o el almuerzo ejecutivo en el que el presidente de una corporación anuncia una nueva línea de artículos de consumo. Esa —por decirlo en lenguaje centroamericano— es la masa de la lora. Mi intención es examinar con franqueza las *externalidades*, como diría un economista, de trabajar en una redacción, y que son directamente proporcionales a la especialidad del periodista y al lugar jerárquico en que se encuentre.

Esas ganancias adicionales no son resultado de la interacción de la oferta y la demanda, ni tienen precio ni se pueden ignorar.

Recuerdo, por ejemplo, el relato de un colega ya fallecido, Danilo Arias Madrigal, a quien *La Nación* envió a México para que realizará un trabajo periodístico. Invitado por el Presidente de la República a una gira en el interior del país, le ofrecieron, por supuesto, transporte, alojamiento

laborales. También son característicos de momentos de crisis no sólo en sociedades fundamentalmente agrarias o rezagadas sino también posindustriales. Cuando la inflación y la recesión convergen en ellos para desatar, al lado de una espiral de precios y costos, un fenómeno de recursos productivos baldíos, es frecuente que surja un poderoso sector informal en el que abundan la ineficiencia y la desocupación. Sin embargo, en las sociedades capitalistas avanzadas estas coyunturas son eso: transiciones entre el desequilibrio y la estabilidad. La economía moderna conoce en ellas un instrumental político capaz de hacer las correcciones a tiempo.

En los países no desarrollados se trata, en cambio, de una crónica situación de mala o insuficiente asignación de recursos con aumentos constantes en los precios de los factores de la producción. Más aún, la falta de integración de grandes sectores de la población al mercado de bienes, servicios y medios de producción, no se remedia con la válvula de escape de la economía informal, sino que tiende a separar, dentro de confines diferentes, a sectores de la población aislados por las fronteras étnicas, culturales y geográficas.

De esta manera, el periodista centroamericano se encuentra en el callejón sin salida de tener que subemplearse en un trabajo de redacción fijo, y a la vez, hacer trabajos adicionales (*moonlighting*). La ironía es que su rendimiento tiende a ser bajo en ese trabajo que lo coloca en la planilla de una empresa como base de su sustento, y marginalmente improductivo en los demás. Son pocos los casos de periodistas que reciben de su patrono permanente un salario que les permita dedicarse exclusivamente a él. Por el contrario, es frecuente la situación del periodista que además de ser redactor de radio, televisión y prensa, se ve obligado a aceptar tareas de relaciones públicas y asesorías en las instituciones del Estado, las empresas privadas o las organizaciones de estas. Algunas veces, esas tareas tienen la recompensa del salario y son conocidas por todo el mundo. Sin embargo, en ocasiones se pagan con dádivas, donaciones o propinas de las que no se deja rastro.

Por otro lado, a una oferta de servicios que de modo tan evidente puede originar conflictos de interés, corresponde una demanda de las mismas instituciones, empresas y asociaciones. Saben que el periodista necesita de este complemento de su ingreso y, cuando se lo suministran, esperan recibir a cambio un favor.

Por tanto, el público no sabe hasta qué punto la noticia que habla de la apertura de una fábrica, la puesta en marcha de un servicio bancario o la celebración de una fiesta navideña, se trata de una información legítima o de un interés meramente comercial.

El sistema puede operar de una manera delicada y con un sobrio balance entre lo que interesa al lector o al televidente y lo que interesa a la institución privada o pública que le paga al periodista. Un jefe de redac-

empresas resurgen con el espíritu fortalecido por aquella adversidad momentánea.

Mas cuando se trata de periódicos, revistas, noticiarios y otras publicaciones que comienzan con grandes sacrificios, sus idealistas empresarios pueden no resistir el embate de estas ciegas fuerzas del rencor que se atraviesan en su camino. La solución es hurtar el cuerpo a la luz, desaparecer de escena, confinarse en la ciudad o salir al exilio.

Aquí, también se trata atropellos más insidiosos y a veces más efectivos que la imposición de un bozal.

LA CRISIS ECONÓMICA

La crisis económica es otro factor relevante que impone ataduras a la independencia del periodista y la empresa. El decenio de 1980-1990 fue particularmente sombrío para América Central en este aspecto. El crecimiento económico se detuvo y la tasa de natalidad continuó aumentando por encima del promedio mundial. En consecuencia, descendió el nivel de vida de la población y se remontó a la época en que apenas se vislumbraba un desarrollo preindustrial. Este mismo proceso, basado en el concepto de la ampliación de un mercado protegido y cautivo, trajo como consecuencia un desarrollo económico cuyos beneficios no llegaron a todas las capas de población. La integración económica centroamericana permitió la transición entre una sociedad eminentemente agraria y un régimen oneroso de sustitución de importaciones. Cuando esas mismas condiciones de disparidad económica acentuaron la contradicción social e hicieron más evidente la represión de los derechos humanos, el liderazgo político de izquierda volvió la mirada a las armas en vez de pensar en las urnas. Con la guerra fría entre las grandes potencias en su más acentuada estridencia, no fue difícil, que América Central se convirtiera en el escenario de una conflagración.

Los volcanes se estremecieron. La erupción afectó a Guatemala, El Salvador y Nicaragua y dejó a salvo, por el momento, a Honduras. Con la abolición del ejército en 1948 y la desaparición del estado-policía, Costa Rica parecía vacunada contra el desgarramiento y la desvertebración.

La profesión del periodismo ha visto truncadas sus esperanzas de estar al día con esa corriente mundial que la lleva a convertirse, cada vez más, en un instrumento de análisis y en un rito de depuración. La recesión económica y la guerra se combinaron para afectar la estabilidad de las empresas y para frenar las reivindicaciones laborales de los periodistas.

El subempleo y el pluriempleo traen consigo una serie de problemas que afectan la calidad profesional y la fibra ética del periodismo centroamericano. En efecto, éstos son problemas que aquejan a todos los sectores

nidades de empleo o la palidez de la sombra de una cárcel, quedaron atrás. Ése es un pasado benigno en comparación con las ordalías del periodismo que no se amedrenta ni se doblega.

Algún día, en el panteón de los héroes centroamericanos habrá un mausoleo para el soldado desconocido de la libertad de prensa. Si la llama se nutre de la sangre de sus mártires, será eterna.

SEGURIDAD PERSONAL Y ÉTICA PROFESIONAL

Los problemas de seguridad personal que afronta el periodista centroamericano plantean la cuestión de la ética profesional desde una perspectiva diferente. Por lo general los códigos deontológicos se conciben y aplican en países en donde hay una conciliación tácita de los sectores sociales, políticos y económicos alrededor de una corriente de pensamiento que constituye su común denominador. Además, esas disposiciones sobre moral profesional, parten de la premisa de que la sociedad acepta el papel vigilante y constructivo de la prensa no sólo como balance del poder público, sino también como árbitro en la pugna entre los intereses creados de los grupos particulares.

Sin embargo cuando el detonante de la violencia sustituye la fragua del consenso acerca de cómo y quién debe gobernar, el periodista ya no es solamente el procurador de los intereses nacionales, sino también un agente social.

El dilema se encuentra por una parte, entre la indiferencia del silencio y la moderación culpable y, por otra, la temeraria afirmación de una conducta armónica con las convicciones del periodista.

La violencia guerrillera y la represión oficial enervan el espíritu de investigación, frenan la pasión por la denuncia, esterilizan el periodismo sensible a los intereses colectivos. La alternativa entre la prensa de trinchera y la prensa yerma de la enajenación deja al periodista profesional en un predicado comprometedor. La radicalización y el maniqueísmo de las fuerzas en conflicto pueden convertir en sospechosa hasta la más evangélica prédica de la paz. Odios ancestrales alimentados por el imperativo de la revancha obligan al periodista que no se resigna a ser un simple gacetillero, a una introspección existencial cuyo trasfondo es la posibilidad de que se oxide la pluma o se extinga la vida.

Las empresas de comunicación maduras y consolidadas tienen mucho que temer, pero poseen más medios de defensa. El atentado contra las instalaciones físicas o la amenaza personal, difícilmente les obligan a doblar la rodilla. El boicot de la publicidad gubernamental o privada puede afectarlas en forma transitoria, pero cuando por fortuna termina, las

pueden estar dirigidas a los soldados o los guerrilleros y el periodista queda atrapado en el tiroteo. En un seminario acerca de periodismo radiofónico celebrado en Costa Rica, había hablado con Mario y sabía de sus ideales democráticos. Cuando conversamos una noche en su casa en Guatemala, después de aquel primer encuentro, estaba ilusionado con el noticiario en el que trabajaba. ¿Por qué era políticamente importante eliminarlo? Como en el caso de tantos periodistas secuestrados, desaparecidos, asesinados o en el exilio, puede no haber una respuesta racional o comprensible para esta pregunta.

A Pedro, en cambio, sí se sabía quién, o quiénes, le tenían jurado ese final. Aunque en su país el crimen por razones de ideología o política es esporádico, la bravura de su desafío constante e inclaudicable a la dictadura hacía de Pedro un blanco demasiado visible. Era un hombre erguido y robusto, así como lo eran sus ideales y su compromiso con la verdad. Lo que no previeron sus asesinos es que el holocausto encendería la llama en la pradera de la insurrección popular. No mucho tiempo después, habría de imponerse la ley de la compensación universal.

Ser periodista en América Central implica jugarse la vida a cada instante. En sociedades tan polarizadas como las centroamericanas, la sola circunstancia de la vinculación a un medio periodístico convierte a la persona en activista, ideólogo o predicador y, por consiguiente, en candidato al atentado.

Ningún escudo protege a quien escribe u opina, de la fuerza aniquiladora y rencorosa de la radicalización. La guerrilla marxista no perdona. Los escuadrones de la muerte de la derecha no son más misericordiosos. En nombre de una revolución deshumanizada o de un conservadurismo caduco, se escenifica una viciosa espiral de horror y duelo.

Los medios de comunicación en manos privadas corren peligro y se encierran en verdaderas fortalezas medievales. Rodolfo Dutriz, de *La Prensa Gráfica*, de El Salvador, está vivo, pero tiene varios gramos de plomo en el cuerpo. Isidoro Zarco fue acribillado solamente por ser propietario de *Prensa Libre* de Guatemala. Álvaro Contreras Vélez estuvo en cautiverio mientras ese mismo diario, que él ayudó a fundar, reunía la suma del rescate. Pero igual ocurre con los periodistas o intelectuales de izquierda. Ellos saben que la agresión no depende de que escriban un ensayo acusador o hagan la airada defensa de un dirigente político o sindical. Basta con que un grupo paracastrense reciba la orden, para que el periodista quede en la mirilla. El atentado contra el periodista guatemalteco Byron Barrera y su esposa es un recuerdo escalofriante de que la demencia aún campea en las regiones más oscuras de la vida profesional de Centroamérica.

Los tiempos en que el dictador en turno se vengaba del periodista haciéndolo enmudecer con la censura previa, con el boicot de sus oportu-

7

Los riesgos del periodista

MARIO Y PEDRO

Mario salió de su casa ese domingo, como tantos otros, para asistir a misa y luego al mercado. Lo acompañaban su esposa, una bella mujer, en sus treinta como él, y sus dos hijos menores. Acostumbrado a ir y venir por la ciudad sin suspicacia ni temor, no se dio cuenta de que dos hombres en motocicleta seguían la huella de su automóvil. En una céntrica esquina de la ciudad, detuvo la marcha en espera de que el semáforo le diera vía. Fue entonces cuando su esposa advirtió la ominosa mirada de sus perseguidores, dos rostros que trataría de recordar más tarde con amargura, pero con impotencia. Uno de ellos sería, pocos minutos después, el asesino de su marido. El supermercado estaba a unos pasos de la iglesia. Cuando salieron, cargados de bolsas, los dos individuos esperaban al otro lado de la calle. Mientras la motocicleta continuaba encendida, uno de ellos pasó de una acera a otra, les ordenó a ella y a los niños que se hicieran a un lado, advirtió a otros transeúntes que se alejaran y disparó. Mario murió en el acto. El crimen quedó impune.

Pedro tenía muchos enemigos, pero no creyó que quisieran matarlo. Una vez le pregunté por qué no se protegía y me contestó: "Hay que aprender a perderle miedo al miedo". En una parte de la céntrica y desolada calle hay una cruz a la que todos los días llegan a recordarlo con flores. Ahí lo interceptaron los homicidas. Uno de ellos descargó una escopeta y le hizo muchos agujeros pequeños en el cuerpo. Cuando lo vi en el féretro aquel aciago 10 de enero de 1978, Violeta, su esposa, me dijo, estoica y tragándose las lágrimas: "Velo bien. Espero que esto nunca ocurra en tu tierra".

Yo nunca supe por qué habían matado a Mario. En Guatemala, como en muchos países centroamericanos, las balas que ciegan la vida de los periodistas pueden venir de la derecha o de la izquierda. O, simplemente,

mantener sus nombres en el anonimato. Adujo que no eran relevantes desde el punto de vista de la veracidad o falsedad de las afirmaciones de Blandón. Guillermo Fernández, jefe de redacción de *La Nación*, sostuvo la tesis de qué tan importante era lo que Blandón tenía que decir, como los procedimientos mediante los cuales se concertaba la entrevista, ya que un partido político, el Social Cristiano, argumentaba que su testimonio ante el senado de Estados Unidos "era un montaje". (Según ese testimonio, el partido había recibido fondos de Noriega para su campaña política.)

En materia de fuentes de información, la regla es que se les debe dar a conocer a menos que, por razones de seguridad de las personas o de interés público (asegurar el flujo de más informes sobre el tema), se resuelva mantenerlas en confidencia. En materia de intermediarios, la costumbre es que no se mencionen en la información, a menos que el órgano informativo decida que, por tener esos intermediarios interés en el asunto o porque forman parte de la noticia, es conveniente enterar al público de su nombre.

De ello se concluye que ni *La Nación* ni *Telenoticias* adoptaron una decisión éticamente incorrecta. Es privativo de un medio de comunicación decidir hasta qué punto sus televidentes y lectores tienen derecho a saber cómo se obtienen las noticias y cuál de los dos compromisos con el público tiene prelación: si el de darle solamente la información o trazar también los cauces que permitieron obtenerla.

Más adelante *La Nación* dio un ejemplo que ilustra el problema. Al denunciar que el ex presidente de la República, Daniel Oduber, gestionó visas para dos ciudadanos bolivianos vinculados al narcotráfico, dijo que la investigación se había iniciado cuando un informante —cuya identidad no reveló— dio cuenta al periódico de esas gestiones. Al igual que *Telenoticias* en el caso de Blandón. *La Nación* decidió mantener el nombre en reserva, aunque el ex presidente había argüido que se trataba de un montaje.

Lo importante de la polémica entre Pilar Cisneros y Guillermo Fernández, y de llevarla al foro del Colegio de Periodistas para que se ventilara entre colegas, es que ya no sólo el público es el que observa y critica el comportamiento de la prensa, sino los periodistas mismos.

Cuestionarse unos a otros y juzgar la conducta de sus colegas es una forma de autocontrol, y la mejor garantía de que el poder de la prensa también está sujeto a sus propios frenos y contrapesos.

En un sentido paralelo a los *nunca* del profesor Merril se encuentran los *no* de Luka Brajnovic:

- No descubrir la fuente si el informador, por razones justificadas, lo desea, y el periodista ha empeñado la palabra de silenciar su nombre y de no revelar las circunstancias que podrían identificarlo o localizarlo.
- No difundir aquella parte de la información obtenida confidencialmente que puede dañar al informador, aunque no se le haya hecho una promesa en ese sentido.
- No revelar datos o hechos de la vida íntima de una persona o una familia que el periodista pudo conocer en la búsqueda de noticias de interés general.
- No revelar secretos de Estado relativos a la seguridad nacional o a la paz internacional.[11]

Sin embargo, el problema de dos normas éticas en pugna no queda resuelto con la enumeración de estas recomendaciones.

El consejo del profesor Merril es que cuando entran en conflicto dos acciones y no está claro cuál de las dos es la correcta, a ojo de buen cubero el periodista debe aplicar la más moral. Merril afirma: "El periodista debe quedarse con la norma básica".[12]

EL SECRETO DEL PROCEDIMIENTO

La cuestión acerca de si el secreto de la fuente incluye el secreto del procedimiento empleado para llegar a ella, no es enteramente teórica. En 1989, con ocasión de la campaña electoral, la prensa costarricense discutió las implicaciones del deber de confidencia en cuanto al origen de una información, cuando se planteó el sonado *caso Blandón* y la actitud que respecto a él adoptaron dos de los más importantes medios de comunicación social de Costa Rica: *La Nación* y *Telenoticias de Canal 7*.

Telenoticias no divulgó los contactos empleados para obtener una entrevista con el personaje panameño, antiguo colaborador y amigo del general Manuel Antonio Noriega y uno de los principales testigos de cargo de la justicia estadounidense contra el ex jefe de gobierno de Panamá por narcotráfico y lavado de dólares. *La Nación* sí lo hizo. La directora del telenoticiero, Pilar Cisneros, otorgó a los intermediarios en la concertación de la cita el mismo carácter de fuente informativa y decidió

---
11 Luka Brajnovic, Deontología periodística, Universidad de Navarra, Pamplona, 1978, pág. 207.
12 John C. Merril, *op. cit.*, pág. 202.

ta los mismos deberes y responsabilidades del sacerdote respecto a lo que escucha en confesión?

La mejor respuesta la da Meyer cuando recurre a la Declaración de Principios de la Asociación Estadounidense de Editores de Periódicos, de 1975: "Las promesas de confidencialidad no deberían darse en ausencia de una necesidad evidente y apremiante, pero esos compromisos, una vez dados, deben ser respetados a toda costa."[8]

No obstante, una revista como *Newsweek* rompió esa norma en una situación cuyas repercusiones todavía se discuten en la prensa estadounidense. El ahora célebre Oliver North dio a conocer informes reservados sobre el *Irangate*, los cuales la revista se comprometió a publicar sin revelar la fuente. Sin embargo, la mencionó, y justificó su decisión al afirmar que sabía que Oliver North había mentido.

NORMAS ÉTICAS O REGLAS DE SENTIDO COMÚN

El conjunto de normas éticas aplicables a situaciones concretas no está divorciado de las reglas de sentido común. John Hohenberg, por ejemplo, recomienda formularse las siguientes preguntas: ¿Tiene la noticia suficiente importancia como para omitir la obligación de decir de dónde viene? ¿Hay en la noticia suficientes pruebas como para permitir un juicio razonable sobre su *plausibilidad*?[9]

Si lo que distingue al periodismo (a la prensa en específico) de otras profesiones es, precisamente, la posibilidad de no citar la fuente; algo inconcebible en un trabajo de investigación académica y científica, o en un ensayo literario.

El periodista en todo momento debe tener una clara conciencia de que el abuso de esta licencia puede convertir en sospechosa su contribución a la sociedad.

Desde este punto de vista, no puede haber una polarización. Los editores de la Prensa Asociada tienen como norma evitar frases como "fuentes no identificadas", y cuando, por excepción, deben decirlo, su código de ética los obliga a explicar las razones por las cuales no las citan. Por su parte John C. Merril, especialista en el tema, recomienda "nunca dejar de dar la fuente de una cita, nunca parafrasear o jugar con citas directas, nunca omitir una información pertinente si la tiene a mano y nunca citar fuera de contexto".[10]

---

8 Phillip Mayer, *op. cit.*, pág. 22.
9 John Hohenberg, *The Professional Journalist*, 4a. ed., Universidad de Kansas, 1978, pág. 321.
10 John C. Merril, *La dialéctica del periodismo*, Louisiana State University Press, Baton Rouge y Londres, 1989, pág. 197.

señor Vesco pero, sin duda, se obtuvieron sin autorización del dueño de la casa.

Las palabras del veterano director de The Washington Post, Benjamín Bradlee, siempre son válidas, al afirmar: "Gastamos miles de horas en descubrir engaños, para que nosotros mismos no tengamos empacho alguno en engañar."[7]

Los periodistas deberíamos decir: "Soy periodista. Estoy haciendo una investigación sobre el accidente en el que perdieron la vida dos personas. Quiero hacerle una entrevista. Quiero advertirle que todo lo que me diga podrá ser publicado, a menos que usted me pida, y yo acepte, guardar en secreto su nombre. Quiero que me autorice a tomarle una fotografía y a publicarla si fuera necesario. Si prefiere no hablar, consignaré su negativa a hacerlo".

Son muy pocos los periodistas que comienzan una entrevista con lo que podría ser la lectura de los derechos del entrevistado, al igual que un policía tiene la obligación de advertir a quien captura de su derecho a guardar silencio, porque todo lo que pudiese decir podría ser usado en contra suya.

LA OBLIGACIÓN DE REVELAR LA FUENTE

El mismo Bradlee aborda una cuestión delicada para los reporteros estadounidenses aunque no tan relevante en nuestro medio. Si el periodista es llamado por un juez para rendir testimonio, ¿tiene obligación de revelar la fuente de una información con base en la cual se inició el proceso, o de entregar las notas de las entrevistas en las que fundó su reportaje?

Para Bradlee, *The Washington Post* se inclina por no cooperar. Algunas veces, asegura, las autoridades "están más interesadas en castigar al reportero que en atacar los males denunciados por él". Pero en el fondo de la cuestión yace un valor ético de mayor entidad. Según Meyer, el periodista profesional se interesa en señalar un mal general y lo ilustra con un ejemplo, en tanto que la autoridad administrativa o el juez está más interesado en reprimir el caso en particular y no las consecuencias del mal general.

Los periodistas estadounidenses prefieren la sanción penal —más de uno ha purgado penas en la cárcel— a que se cuestione su derecho a la reserva de la fuente. Pero cuando se trata de evitar un error judicial, como el castigo de un inocente o la impunidad de un criminal, ¿tiene el periodis-

---

[7] Phillip Meyer, *Ethical Journalism*, Longman, Nueva York y Londres, 1987, pág. 10.

Pero éste es un caso en el cual el interés público, o la curiosidad sana, justificaron la picardía del periodista. Hay otros en donde no está tan claramente definida la justificación para adoptar una identidad falsa o para enfrentarse a un posible informante ocultando los propósitos de la entrevista.

En los libros de ética de periodismo es incansable la cita del *Miracle Bar*. En 1977, un grupo de periodistas del *Chicago-Sun Times* abrió una cantina en esa ciudad y la manejó durante el tiempo necesario para descubrir el sistema de sobornos, fraudes con impuestos y otros delitos de peculado de parte de la policía. Los periodistas ganaron un premio Pulitzer.

¿Puede el periodista emplear estos recursos para obtener una información tendiente a fortalecer la higiene del tejido social? ¿Podría ocultar una grabadora, buscar en un cesto de papeles, o incluso introducirse clandestinamente en una oficina pública, con el fin de apropiarse de documentos que no le pertenecen y que constituyen una pieza probatoria indispensable para su investigación? En otras palabras, ¿hasta qué punto una conducta que le está prohibida al ciudadano, o que transgrede los límites del comportamiento moral, si se le permite al periodista en función de los intereses del bien común por los cuales dice actuar?

También los casos notorios de falsa identidad son innumerables. Nellie Bly, una reportera del *New York World*, simuló padecer una enfermedad mental, con el fin de introducirse en un asilo en la isla de Blackwell y escribir después una conmovedora denuncia de las condiciones infrainhumanas de los que, más que hospitales, eran centros de reclusión. El éxito de esta misión periodística indujo a la señora Bly a un travestismo permanente. De psicópata pasó a empleada de tienda, corista de teatro y convicta y prisionera de una cárcel, todo ello para escribir los reportajes que la hicieron célebre.

De igual modo Pierre Salinger, antes de ser secretario de prensa del presidente John F. Kennedy, se hizo arrestar por vagancia con el fin de investigar las condiciones de una prisión en San Francisco, a la cual, como reportero del *Chronicle*, no tenía acceso; y Gloria Steinem también alcanzó notoriedad por su trabajo en un club "Playboy", para lo cual tuvo que posar con traje de *conejita*.[6]

Los casos anteriores son menos controvertibles, sin embargo, que mi decisión de pagar por fotografías tomadas en forma clandestina dentro de la mansión del financista Robert L. Vesco, acusado de desfalco por doscientos veinticuatro millones de dólares y refugiado en Costa Rica en la década de los setenta. Las fotos sirvieron para ilustrar un reportaje acerca del estilo de vida y las medidas de seguridad que tenía en Costa Rica el

---

6 Citado por Stephen Bates, en Joseph y Edna Josephson en la revista *Ethics, Easier Said than Done*, pág. 49.

la regla del Código de Ética de los Periodistas de Chile cuando establece que: "El periodista debe guardar el secreto de sus fuentes de información y respetar la confianza que se le otorga al poner en su conocimiento antecedentes privados. El periodista que se ha comprometido a mantener en forma confidencial hechos e informaciones que no debe darlos a conocer ni públicamente ni privadamente".[4]

Por ello, resulta extraña la manera en que el Código de Ética del Colegio de Periodistas de Costa Rica enfoca la cuestión: El periodista debe guardar discreción sobre el origen de la información confidencial que hubiera obtenido, pero nunca invocar el secreto profesional para defender o escudar intereses extraños a los del Estado, a las instituciones democráticas y a los verdaderos intereses del bien común.

LA DELICADA RELACIÓN PERIODISTA-FUENTE

Las reglas de juego directas y transparentes son el mejor código de conducta para las relaciones entre el periodista y su fuente. El periodista debe dirigirse a las personas de quienes quiere obtener información, sin reticencias ni disimulos. "Los periodistas no siempre descubren sus intenciones precisas" a los sujetos de una entrevista. Tampoco éstos "hablan al periodista altruistamente". "Algunas veces no saben detrás de lo que andan. Pero si lo saben —y si esperan encontrar algo que a sus entrevistados no les agrade— normalmente no se lo anuncian." Estas advertencias nos las hace David Shaw y sin duda condensan un juego de fintas y engaños que se presta a innumerables equívocos.[5]

Ese juego incluye desde los escarceos inocentes hasta la ocultación maliciosa de identidad. En la década de los setenta, cuando yo era director de *La Nación*, el periodista Juan Antonio Sánchez Alonso quería comprobar su tesis de que un mendigo obtenía más ingresos según su apariencia y la esquina de San José en donde se ubicara. Le di autorización para que se disfrazara y se apostara durante ocho horas —la jornada ordinaria de un trabajador cualquiera— en la céntrica esquina del Correo, con un disfraz capaz de suscitar la conmiseración del más indiferente de los peatones. Juan Aguilar se colocó en una ventana del edificio vecino, provisto de una cámara con teleobjetivo. En efecto, Sánchez Alonso recogió tantas limosnas como para comprobar que el pordiosero tenía mejores ingresos, con menos horas de trabajo, que un periodista.

---
4 *Op. cit.*, pág. 148.
5 David Shaw, *Simposio Ruhl sobre la ética en el periodismo*, Escuela de Periodismo de la Universidad de Periodismo de Oregon, 1988-1989.

cuentes. En primer lugar, cuando quien origina la noticia la dio con la condición de mantenerse en la sombra y el periodista, sabedor de la importancia de esa información, le prometió que no revelaría su identidad. El segundo caso es cuando, aunque no lo hubiera pedido así, el periodista considera necesario guardar reservas sobre esa identidad, con el fin de evitarle represalias al informante o estimular a otras personas a que den un aporte a la investigación del caso que tiene entre manos.

En ambos casos, es evidente la necesidad de omitir el nombre de la fuente: existe un interés privado o personal, o de orden público, que tiene prelación sobre el derecho a saber y cuya protección, en última instancia, tiende a garantizar un mayor horizonte de posibilidades.

QUIÉN ASUME LA RESPONSABILIDAD

Cuando el periodista decide que existe un legítimo interés personal y social en escribir su informe sin citar la fuente, tiene que ser consciente de que no por eso la responsabilidad queda en una suerte de limbo. Es evidente que su decisión implica no sólo cubrirle las espaldas a su informante y garantizarse puerta franca para continuar la indagación que ha emprendido en nombre del interés público. También implica que se responzabiliza, *personalmente*, por la veracidad, la autenticidad y el rigor de lo publicado.

"El periodista asumirá la responsabilidad de lo publicado o difundido." Ése es uno de los tres primeros artículos del Código internacional de ética del Periodista.[1]

La obligación de "observar discreción con respecto de las fuentes de información", también consignada en ese código, se refiere a los asuntos en los cuales la revelación le haya sido hecha al periodista "en confidencia".[2]

Sin embargo, el Código de Ética del Periodista Venezolano agrega una consideración que robustece los límites de la excepción. Cuando el periodista sella un pacto con su informante para guardar la reserva, está obligado "a verificar las informaciones que recibe y recurrir a las fuentes idóneas que le permitan presentar la información de manera veraz".[3]

De igual manera, la obligación de mantener en secreto el nombre de una persona o institución se refiere también al contenido de ciertas informaciones cuando se depositan en confidencia en el periodista y éste asume el compromiso de no publicarlas. No de otro modo debe interpretarse

---

[1] Hernán Uribe, *Ética del periodismo en América Latina*, Universidad Nacional Autónoma de México, 1984, pág. 44.
[2] Proyecto de Código Internacional de Ética, art. III "in fine"; op. cit., pág. 138.
[3] *Op. cit.*, pág. 142.

palabras, que emplean los más elevados funcionarios como parte de su expresión verbal.

La gravedad de esta tarea no es menospreciable. Es frecuente escuchar, entre los agravios de los que se acusa a la prensa, la distorsión, citas fuera de contexto e incluso atribución incorrecta y maliciosa de palabras, frases y significados. La queja de los funcionarios al director, o las notas aclaratorias, con frecuencia son en el sentido de que "se me puso a decir lo que no había dicho".

Por lo tanto, la búsqueda de una frontera para la obligación de citar la fuente es un espinoso ejercicio en el cual ya tiene el periodista mucho que reflexionar, antes que usar el teclado de su máquina de escribir o de su terminal de cómputo. No obstante la excepción pertenece a un género más delicado de cuestiones. Y la primera zona de enfoque para delimitarla es un análisis del llamado derecho del público a saber.

EL DERECHO A SABER

Derecho del individuo a expresarse y derecho del público a saber: esas son las dos partes de la ecuación fundamental contenida en la libertad de información. Un régimen de opinión pública puede ser ilustrado o sesgado, según se ejerciten sin cortapisas, o con ellas, ambas partes de la ecuación. El individuo —el periodista y el empresario de medios de comunicación, así como las personas que buscan en ellos un instrumento legítimo para dar a conocer sus criterios, expectativas y ansiedades— debe ver tutelado su derecho a comunicar sus pensamientos, de palabra o por escrito. Pero ello implica el reconocimiento de que, en aquellos asuntos en donde medie el interés público, la contrapartida es el derecho del grupo social a saber o conocer.

En una sociedad organizada conforme a principios legales, el fiel de la balanza lo tiene la norma jurídica y, en definitiva, la interpretación que de ella hacen los jueces ante casos de conflicto. El individuo tiene derecho a expresarse, y a hacerlo sin que se le pongan limitaciones previas al ejercicio de esa facultad; pero es responsable de los abusos que cometa. Injuriar, calumniar, difamar, acarrean responsabilidades penales y civiles en caso de que alguien se extralimite en el ejercicio de la libertad de prensa. El grupo social tiene derecho a saber y conocer, pero no hasta el punto en que se viole, por ejemplo, el ámbito de intimidad de la persona o se lesione su reputación.

La noticia sola no es, pues, suficiente. El público tiene derecho a saber de dónde proviene y cómo se origina y, si fuera necesario, cómo se obtuvo y para cuáles fines. La excepción conocida como obligación del secreto profesional se refiere a dos casos o situaciones concretas no fre-

que se constituye en eje y centro de la noticia o del reportaje, sino también a quien da la noticia.

La rutina de apoyarse en la fuente no está tan incorporada a los hábitos del periodista como el cumplimiento puntual de las obligaciones relativas a las otras uves dobles.

Por el contrario, todo parece indicar que ocurre una degeneración o mixtificación de ese automatismo entre los periodistas. A ella no escapamos los centroamericanos, sino que más bien, nos adherimos con fidelidad hasta convertirla en un *clisé* mental y estilístico, cuya saturación ha contribuido a debilitar la fe en el periodismo escrito, más que cualquiera de sus pecados capitales.

Formalismos tales como "fuentes bien informadas" o "de buena fuente" se emplean en forma tan abundante que se induce al público a aceptar las noticias por su valor nominal y sin necesidad de que nadie se responsabilice de ellas. Algunos periódicos han optado por la obligación de firmar las informaciones, en los casos en que se trate de un trabajo de investigación especial o de una noticia delicada. Sin embargo, el simple hecho de que cualquier nota pueda llevar firma, aunque se trate de un informe meteorológico o una lista de los ganadores de la lotería, le ha hecho perder su valor como distintivo de una relación personal y un compromiso de veracidad entre lo que se informa y quien escribe.

LÍMITES, NO EXCEPCIONES

Sin embargo la regla general así entendida, debe tener sus límites. No sus excepciones, porque de ellas hablaremos más adelante en otro capítulo. Estas excepciones se refieren más bien a la necesidad de que el estilo periodístico sea depurado, no se cargue con vanas o extenuantes repeticiones y no transforme al periodista en un mero eco del acaecer cotidiano, sin afán de síntesis ni explicación del contexto.

Si por alguna razón renuncié a mi profesión de abogado y notario fue porque cualquier desviación del formulario para una escritura pública corría el riesgo de que el registro de la propiedad rechazara la inscripción o devolviera el documento para que se corrigieran los defectos. El periodista no tiene un vínculo cartulario respecto a los hechos que relata. Su deber consiste en tomar de ellos los aspectos de mayor interés para el lector, el radioescucha o el televidente y presentarlos en forma amena, sucinta y rigurosamente verídica.

Pero cuando su información se basa en una entrevista, no está obligado a poner entre comillas todas las declaraciones del personaje a quien pregunta. A menudo su propia redacción tiene que mejorar el lenguaje coloquial plagado de oscuridad, deficiencias de sintaxis y empleo erróneo de

constitutivas de su papel en una sociedad libre. Pero la abundancia y reiteración del recurso conspiran contra un estilo periodístico más transparente y confiable y se convierten en una corruptela. No sólo el público que ve o lee informaciones de la prensa, sino los editores encargados de escoger y corregir las noticias, a menudo se ven en un aprieto cuando quieren trazar el límite entre un relato legítimo o una opinión personal, entre los hechos sobre los cuales da cuenta el periodista y los prejuicios que tiñen la percepción de la realidad.

Por tanto, la cuestión ética fundamental es hasta dónde identificar al informante para responsabilizarlo de la información y rodear de mayor crédito el acto informativo, o hacer desaparecer su nombre con el fin de tener mayor acceso a situaciones que de otro modo jamás obtendrían la categoría de noticias y quedarían reservadas a la zona del chisme, el rumor y la especulación.

Como alcanzar un equilibrio entre la reserva acerca del origen de la noticia, que permita un mayor flujo de relatos periodísticos de interés público, y el derecho del público a saber no sólo las noticias, sino de dónde surgen y cuáles son los intereses de quienes las originan. A nuestro juicio éste es el trasfondo deontológico de la discusión.

LA EXCEPCIÓN Y LA REGLA

Nos proponemos iniciar esta exposición cambiando los términos de su planteamiento original. No se trata de una regla y las salvedades que la confirman. El secreto de la fuente está lejos de ser la premisa con base en la cual debe trabajar, y de hecho trabaja, el periodista todos los días. Por el contrario, uno de los primeros ejercicios de la profesión consiste en saber cómo citar la fuente de la cual provienen los datos y las opiniones, y cual es su papel en la estructura, el estilo y el contenido de la noticia o del reportaje. De esta manera, la regla debe ser *revelar* la fuente, no *ocultarla*. El periodista debe saber que su obligación primordial es acompañar la información con la identidad de la persona, institución o empresa que la da a conocer y que lo utiliza a él como conducto o canal para llevarla al público.

La preceptiva del periodismo debería agregarles una más a las cinco uves dobles clásicas que representan las preguntas a las que se debe contestar para que la información esté completa. Esas uves dobles se han convertido en parte esencial de la liturgia periodística y de ahí han emigrado a otros territorios de la comunicación, como epítome de todo lo que una persona necesita saber acerca de algo para que la información reúna los requisitos profesionales mínimos. Pero ese *who* no sólo se refiere al protagonista del hecho, al sujeto activo de la información, a la persona

6
El secreto de la fuente

LIBERTAD Y RESPONSABILIDAD

Pocos temas ilustran mejor que el debate acerca de la ética profesional del periodista que el secreto de la fuente. El periodista mismo le otorga una importancia considerable. La obligación de no revelar la forma en que obtuvo las informaciones que publica, es un principio consagrado por los códigos de deontología en la mayor parte de los países occidentales. En efecto, el periodista considera que se trata de una norma ética de rango superior. Si existiera una carta magna o declaración universal de derechos para proteger el ejercicio de la profesión del periodista, pocos vacilarían en incluirla en una jerarquía equivalente al libre acceso a las fuentes informativas o la prohibición de la censura previa. A su vez, un cierto aire de romanticismo envuelve la situación del periodista cuando afirma que la confidencialidad de la fuente informativa es tan importante, desde el punto de vista ético, como el secreto de confesión para el sacerdote o el imperativo de no divulgar lo que se discute en la intimidad del bufete de un abogado o en el consultorio de un médico.

Pero otros sectores interesados en el periodismo no piensan así. En principio, jueces y magistrados aceptan que, *a fortiori*, se les aplique a los periodistas ese estatuto especial no escrito en aras de defender la libertad de expresión. Pero cuando entran en conflicto la averiguación de un hecho delictivo y el secreto de las fuentes de información, no dudan en sentenciar que el interés social en la administración de justicia debe prevalecer sobre la protección del anonimato de quien informa al periodista.

Por otro lado, es fácil advertir la preocupación del público respecto al uso, y abuso, del secreto de la fuente. Si los periodistas empleáramos este aspecto como debe ser, probablemente no debilitaríamos tanto la credulidad del público hacia la prensa ni haríamos tanto por erosionar las bases

policía cuando persigue un sospechoso sólo puede franquear ese umbral si tienen una orden judicial. El mandato de la legitimidad para incursionar de la prensa no está escrito en un papel ni tiene sellos judiciales: es el periodista el que decide cuáles son los territorios que le están vedados y dónde comienza el límite de su potestad como informador. Hacer uso de ese carácter discrecional, con la sabiduría del hombre ilustrado y prudente, enaltece al profesional, al medio de comunicación, al gremio en el que se desenvuelve y, por supuesto, al sistema jurídico y ético en que se fundan las instituciones periodísticas.

sus pretensiones de ser el candidato de su partido en las elecciones de 1988. "Cuando las actividades propias de la intimidad individual ponen en riesgo u ofenden la seguridad o el bien públicos, el proporcionar la información correspondiente se convierte para el periodista en un deber de su oficio..." [4]

14. No sólo la tragedia, la violencia o el quebrantamiento del orden hacen del periodismo un ejercicio lleno de emociones y sin sujeción a la rutina. La sabiduría convencional del periodismo diario enseña que las malas noticias son las verdaderas noticias, pero la afición del público por las secciones deportivas, en donde cuentan más los triunfos que el fracaso, y por las páginas de estilo de vida modernos, en donde la región más iluminada de la conducta es la brillante y no la negativa, constituyen la mejor prueba de que el periodismo agorero ésta comenzando a ceder ante el empuje del periodismo con acento humano. Hay un manantial de noticias sonrientes en la prensa diaria que sustituye a la página policiaca en el favor del público. El humor, la sátira y la caricatura invitan más a la lectura que la cara avinagrada del dirigente político o el anuncio de más impuestos del jefe de gabinete. Sin poner en riesgo la invasión en la vida privada, estos temas pueden transformar el rostro del periodismo contemporáneo. Pero si la tendencia del medio de comunicación social es profundizar en los vicios de la vida institucional, como la corrupción y el cohecho, nada acredita mejor a la prensa que una vigilia consciente y constante, un rasero común para los partidos, ideologías, sectores, y grupos de presión. Un periodismo que no investiga selectivamente, sino por parejo y sin miramientos, se gana la confianza del publico y robustece la fe popular en la libertad de expresión. Mantener esa cuerda tensa y afinada es costoso y erosionante, pero rinde los mejores dividendos: el fortalecimiento del sistema democrático y de un régimen de concurrencia libre de ideas y opiniones.

15. Por último, una situación embarazosa puede ser buen tema para un artículo jocoso o una fotografia picaresca, pero no hay que pensar solamente en el periódico, o en una televisión al estilo de cámara ingenua, sino en los límites del buen gusto y la discreción que debe respetar el periodista para que estas ocasiones no se conviertan en excesos.

Estas recomendaciones no agotan el repertorio ni son, como dicen los abogados, cláusula cerrada. De puertas adentro, en su hogar, el funcionario público, el hombre de empresa, el artista o quien practica un deporte y alcanza la notoriedad, deben ser, en teoría, buenos padres de familia y ciudadanos obsecuentes con la ley. Para que el periodista pueda asomarse a esa intimidad requiere un mandato. El detective en una pesquisa o el

---

[4] Eduardo Novoa Monreal, *op. cit.*, pág. 199.

sino ante el público. Tenemos que martillar contra los ladrones y a los pillos que convierte al público en víctima; pero nuestro objetivo es solamente publicar la información. Dejemos que sea la página editorial la que clame por justicia."[2]

11. Los errores que se cometan en una investigación deben corregirse en el mismo espacio en donde se publicó la información original. A menudo las aclaraciones o correcciones que aparecen en otra sección del diario o del noticiero de radio y televisión, se convierten en palios de arrogancia para proteger a los periodistas. Éstos deben recordar que una rectificación no repara el daño moral causado a una persona por una publicación injusta, desproporcionada o lesiva a su honor, aunque en el fondo sea verdadera. Publicarla con reticencia y disimulo puede agravar las repercusiones de una noticia.

12. Mostrar piedad por el dolor y la aflicción de una familia doliente no es una concesión ni un acto de indulgencia. Cuando alguien se accidenta, muere o es víctima de una enfermedad vergonzante, los parientes tienen derecho a que se respete su luto. Es preferible emplear métodos indirectos para obtener datos biográficos y fotografías, que abordar sin miramientos a quien se encuentra conmovido por un duelo.

13. Es necesario medir bien si el comportamiento denunciado de un funcionario público interfiere o crea conflictos en sus responsabilidades oficiales. Las coordenadas que ofrece Eduardo Novoa Monreal[3] constituyen un valioso auxiliar. La primera es "la vinculación de la intimidad con su actuación pública o con los efectos que de aquélla resultan para la comunidad". La segunda es hasta dónde llega "su voluntad de franquearse con el público". El caso de Gary Hart, senador por el Partido Demócrata, aspirante a la presidencia de Estados Unidos, es un buen parámetro. Los periodistas investigaban denuncias o rumores de que era un mujeriego. Él los retó a que lo siguieran y, esa misma noche, a sabiendas de que podían haberle tomado la palabra, visitó a una amiga. El *Miami Herald* tomó furtivamente fotografías de la entrada de Hart en el departamento de la muchacha y de su salida de él; defendió su publicación diciendo que Hart había evidenciado pobreza de juicio al desafiar a los periodistas y proceder esa noche como lo hizo. El periódico adujo el derecho del público estadounidense a saber cómo y por qué sus dirigentes toman ciertas decisiones, aunque sean de carácter íntimo. Puede ser una sutileza la explicación de que un mujeriego jefe de Estado está expuesto a chantaje o extorsión a cambio de los favores de sus amigas, pero lo cierto es que éste y otros errores confesos del político estadounidense le hicieron ceder en

---

2 Leslie Zaitz, "Cómo impedir otro escándalo del tipo HUD", Simposio Ruhl sobre la ética en el periodismo, Escuela de Periodismo de la Universidad de Oregon, 1988-1989.
3 Eduardo Novoa Monreal, *Derecho a la vida privada y libertad de información*, Siglo XXI, México, 1979.

7. El periodista debe recordar que cuando respeta la confidencialidad de la fuente se convierte en responsable de la información. Si el deber profesional lo obliga a mantener el anonimato de su informante, para todos los efectos prácticos el informante es él mismo. Por tanto, si la noticia se origina en una denuncia anónima, en una fuente poco confiable o viene sesgada por su origen, es necesario buscar documentación u otros testimonios que sirvan de apoyo.

8. Si se trata de una acción criminal, debe protegerse al indicado y a uno mismo, utilizando los términos *sospechoso* o *arrestado bajo el cargo de...*, cuando se inicie el proceso; y cuando termine la etapa de instrucción, *acusado*. Las palabras *reo* y *delincuente* sólo se deben usar cuando haya una sentencia firme.

9. Cuando esté de por medio el honor de una persona, la hora de cierre no cuenta. La "exclusiva" no debe de inducir a precipitarse. El periodista sensato sabe distinguir entre la habladuría, el chisme y el rumor; entre éste y la especulación con fundamento; entre la hipótesis plausible y los indicios; y entre los indicios y la prueba, y entre ésta y la verdad. La campaña política de 1988 en Estados Unidos ofreció ejemplos de cómo pudo verse afectada de manera irresponsable la reputación de políticos prominentes, no por la prensa amarillista, sino por los grandes diarios y revistas. El congresista republicano Jack Kemp fue asediado por el rumor de que era homosexual y en una entrevista televisada a todo el país, el periodista se lo preguntó de manera intempestiva. Kemp lo negó rotundamente, pero el solo hecho de que se le hubiera formulado la pregunta, podría dejar flotando la sensación de que lo era.

"Cuando el río suena, agua trae" reza el refrán. De igual manera, contra el entonces vicepresidente George Bush las tiendas del también aspirante presidencial Robert Dole, lanzaron el rumor de que un medio de comunicación —¿televisión, periódico, revista?— estaba preparando un *artículo* sobre supuestas aventuras extraconyugales. Eso fue suficiente para alertar a toda la prensa y varios periodistas recibieron el encargo de investigar la noticia. El rumor sobre el rumor se desvaneció tan misteriosamente como había comenzado, pero no sin que varios periódicos nacionales lo consignaran y, de nuevo, el vicepresidente Bush quedara expuesto a una situación de indefensión. ¿A quién y ante quién reclamar?

10. "Una sólida tarea de periodismo de investigación genera acciones, pero sólo si está basada en hechos. Hay que conseguir diez veces más información que la necesaria. Muchos periodistas lo hacen de otra manera, consiguen la mitad de la información que necesitan, pero de todos modos la escriben. Los reporteros de investigación deben superar la sensación de que su trabajo es un fracaso a menos que logren enviar a alguien a la cárcel... La mentalidad de cazadores de cabezas ha puesto en problemas a reporteros investigativos, no sólo ante los tribunales de justicia,

derecho a no declarar, o permanecer en silencio o a esperar a hacerlo en presencia de un abogado, garantizados en la mayor parte de los códigos de procedimientos penales, tiene aplicación paralela en materia de información para la prensa. El periodista que obtiene información mediante ardides y engaños, o con métodos de suplantación de identidad, corre el peligro de ser acusado de dolo. Los tribunales dudan de aceptar como prueba el testimonio de un policía vestido de civil.

3. Aun sabiéndose poseedor de la verdad, es preciso tener cuidado con la posibilidad de la injuria. En ciertas legislaciones, como la costarricense, no cabe aducir la *exceptio veritatis* con el fin de defenderse de la acusación en caso de que la información sea agraviante o difamatoria.

4. Cuando se utilicen fotografías de una persona con ocasión de hechos que comprometan su buen nombre o su fama, es necesario solicitar autorización y, si la situación lo justifica, por escrito. El derecho a la imagen y a la voz es parte del derecho a la vida privada. Pero no sólo se trata de ponerse a salvo de una querella judicial. El periodista debe estar plenamente consciente de que tampoco infringe el código de conducta de su diario o en el gremio a que pertenece.

5. Al periodista no le tiembla la mano cuando le interesa revelar hechos de la vida diaria —incidentes, crímenes, desórdenes civiles, etc.— en los que intervienen personas de escasos recursos o cuyos nombres no tienen resonancia social, económica o política. El mismo periodista que interroga a una viuda doliente frente al cadáver de su esposo, o al trabajador a quien se le ha quemado su casa, vacila cuando se trata de entrevistar en circunstancias parecidas, a un ministro o a un lider religioso. Cabe preguntarse si el enfoque o la prominencia que le da a la noticia habría sido igual si se tratara de un personaje renombrado o de alguien con mucha influencia en la comunidad. En especial, preguntarse si le hubiera dado la misma notoriedad a una perdona relacionada con el periódico, o si el hecho le hubiera ocurrido a un pariente o a un amigo del director.

6. Debe otorgarse la oportunidad de defensa o comentario a la persona involucrada en un hecho contrario a la ley, a la moral o las buenas costumbres. La ética demanda consignar, en toda su posible extensión, sus pruebas de descargo, tratar de ser fiel en la reproducción textual de sus palabras, no actuar arbitrariamente al eliminar o resumir esos comentarios, aunque debiliten, o dejen sin sustento, la información que los motiva. Con el fin de alcanzar el equilibrio en la información, es prudente emplear la forma de contar el número de líneas escritas en contra de esa persona y permitirle defenderse en un espacio equivalente. No debe dejar para el final de la información o el reportaje, la respuesta del aludido: debe incorporarse a la *entrada* de la noticia, en el primero o segundo párrafos, nunca al final de la pirámide invertida. El periodista sabe que muchos lectores no llegarán hasta ahí o que el diagramador, a falta de espacio suficiente, puede cortar esas últimas frases.

del nombre o del parecido con otra persona. Al parecer si se traza la frontera que impida la invasión al derecho, al nombre y la imagen, no se daña la libertad de expresión e información. Por el contrario, declarar este terreno vedado a la acción del público, y libre de la intromisión de los periodistas que lo representan, constituye un respeto manifiesto a la dignidad individual. De igual manera, darle publicidad sin razón a la vida familiar e íntima de una persona, aunque los hechos en que se funde sean verdaderos, es ponerla en peligro de un predicado falso ante los demás.

Por lo tanto, los límites de la acción de la prensa son los mismos que la convivencia común impone a los miembros de una comunidad con respecto a sus vecinos. Si un principio universalmente aceptado es la inocencia del imputado mientras no sea oído y vencido en juicio, la publicidad de los procesos judiciales debería ser sobria y prudente, con plena conciencia del daño que puede causar a una persona si es acusada falsamente o si las pruebas no bastan para condenarla.

Todo aquello que sea susceptible de influir en el criterio del juez que presida el tribunal, o que haga presión moral sobre los testigos en un sentido o en otro, tiende a dañar la integridad del debido proceso y a dejar al indicado en estado de indefensión. La prohibición de la presencia de periodistas, fotógrafos o cámaras de televisión en los tribunales de justicia limita severamente el derecho del público a saber la verdad. Pero la falta de comedimiento de la prensa con los grandes escándalos penales crea un clima de aversión popular que pesa sobre el criterio de los jueces y vicia las garantías los procedimentales de que debe disfrutar un reo.

REGLAS

A continuación se muestran algunas de las reglas que ayudarán al reportero a no actuar con mayor prudencia o a cometer menos errores:

1. La información obtenida por métodos ilegales o engañosos está viciada en su origen. La investigación de una situación noticiosa debe detenerse en los límites de la propiedad privada. El periodista podría incurrir en allanamiento si no respeta esos linderos. Sólo mediante autorización verbal o escrita, de acuerdo con la circunstancia, puede el periodista introducirse en una oficina o un negocio privados o en una residencia particular. Hurgar en los cestos de papeles, ver por encima del hombro del funcionario, husmear entre tabiques y emplear procedimientos de espionaje —grabadoras y radiotrasmisores ocultos— son procedimientos reprobables.

2. El periodista debe identificarse siempre como tal y advertir a su entrevistado que podría publicar toda la información que de él recoja. El

MENTIR A SABIENDAS

La primera de esas normas es la que protege al individuo de la mendacidad. *Sullivan contra The New York Times*, en 1964, es un caso célebre en la jurisprudencia estadounidense porque colocó la carga de la prueba del lado de quien acusa a una publicación por falsedad. El actor debe demostrar que el periódico mintió a sabiendas o con irresponsable desdén de la verdad. La Corte Suprema de Justicia declaró que el comisionado de asuntos públicos de Montgomery, Alabama, L. B. Sullivan, no tenía derecho a reclamar una indemnización porque no probó que el Times actuara con conocimiento de una información, reputada por él como falsa, efectivamente lo era.

Ese derecho del periodista a cometer errores en la relación de hechos o en la crítica de los funcionarios públicos, siempre que no actué con malicia, se extendió después a personas públicas, definidas éstas como personas involucradas en un acontecimiento público o que susciten el interés general. El aplauso de los medios de comunicación estadounidenses a la Corte Suprema de Justicia, en lo que se interpretó como una exégesis correcta de la llamada primera reforma a la Constitución (*first amendment*), se extinguió pronto. En una serie de pronunciamientos pendulares, la Corte declaró procedente una indemnización cuando el perjudicado logró probar cierto grado de culpa en el periodista e hizo más estrecha la definición de figura pública para los mismos efectos. Todo lo que se necesitaba probar era que el periodista había actuado con negligencia y no con malicia para juzgar si procedía o no el cobro de una indemnización.

John Hohenberg considera que estas interpretaciones restrictivas en relación con el derecho del periodista a desnudar asuntos de interés público, constituyen una amenaza a la libertad de prensa. Cortes más conservadoras han tratado de poner límite a "los sagrados reductos de la vida doméstica y privada".[1]

LOS LÍMITES DE ACCIÓN
DE LA PRENSA

Sin embargo, las diferencias de opinión de los magistrados sólo deben interpretarse como intentos por definir la división entre dos derechos que, a juicio de especialistas en la materia, tienen similar importancia: la vida privada y el interés público.

Debe reconocerse el derecho a vivir en paz, sin perturbaciones externas, en todos los casos en que alguien pretenda apropiarse del beneficio

---

[1] John Hohenberg, The Professional Journalist, 4a. ed., Universidad de Kansas, 1978, pág. 377.

sión de nadie, es elemental y sagrado. Los vínculos de convivencia dejan siempre bajo protección las acciones de orden privado que no infrinjan ni lesionen el interés público. En cualquier Constitución política o estatuto de Estado, el límite de la acción colectiva es la conducta individual que no desborde ni transgreda las normas indispensables para sustentar la estructura social. *Contrario sensu*, el individuo no puede esperar protección, silencio ni recato de los instrumentos de poder social, cuando esa conducta amenace con deteriorar la fibra que amarra el sentido de la vida en comunidad.

Así planteada, la ecuación esta libre de problemas. Los medios de comunicación social son depositarios, en cierto modo, de la defensa y salvaguarda de los intereses colectivos y cuando rectamente actúan en su nombre, no sólo tienen derecho, sino también la obligación de hurgar en las acciones del individuo que desbordan la esfera de competencia personal y privada.

Ese deber no se refiere solamente a las personas que ocupan cargos públicos, de elección o por nombramiento, y que por tanto son mandatarios de los ciudadanos. También alcanza a quienes por distintas razones sobresalen como personas notorias o que suscitan el interés de la comunidad. Es evidente que los amoríos de Franklin D. Roosevelt y John F. Kennedy, cuando ocupaban la Casa Blanca pudieron ser objetos del interés periodístico, al igual que Wilbur Mills, el poderoso congresista presidente del comité de medios y procedimientos de la Cámara Alta, cuando se enredó con una notoria desnudista argentina. Los tres eran funcionarios públicos, desempeñaban prominentes posiciones de elección y su sueldo se pagaba con fondos públicos.

Por las mismas razones, la vida privada de Jimmy Swagert y de otros predicadores de la televisión estadounidense, supuestos renovadores de la fe cristiana y protagonistas de milagros de conversión, vieron expuestas sus malandanzas de manera tan inmisericorde como desde el púlpito enviaban al infierno a otros pecadores.

Aducir, en estos casos el derecho a la intimidad, a la imagen y la vida privada es buscar un escudo de impunidad que no se compadece con la inconsistencia entre prédica y ejemplo. El periodista tiene que ser implacable en la denuncia y en la investigación de circunstancias en las cuales el abuso —del poder público, financiero o periodístico— se lleva a extremos que rompen con la buena fe y se prestan fraudes pecuniarios o escándalos de inmoralidad.

Sin embargo, la legislación y la jurisprudencia se muestran severas en castigar los abusos y descuidos de los periodistas cuando, en el desempeño de sus tareas de investigación, transgreden ciertas normas éticas de aplicación universal.

5

El derecho a la intimidad

INTERÉS PÚBLICO Y VIDA PRIVADA

La policía ha alertado a los reporteros: esta noche habrá redada de narcotraficantes en un barrio marginal de la ciudad. Los preparativos equivalen a un safari. El cuerpo policiaco, impecable, acaba de concluir sus ejercicios. Su fuente de inspiración es "Miami Vice". Los reporteros estrenan sus cámaras sin tubos. No necesitan el amenazante y pesado equipo de iluminación para seguir los pasos a los detectives entre tugurios, encrucijadas y traspatios. A nadie —ni a las autoridades, menos aún a los periodistas— se le ha ocurrido solicitar órdenes de allanamiento. La ciudadela es tomada por asalto. El cuarto donde duermen los niños se llena de pronto de agitación. Una adolescente atina a incorporarse envuelta en una sábana. La operación antidrogas no rindió mayores dividendos, pero los reporteros, de todos modos, muestran al día siguiente a la niña de 13 años a medio vestir. Ella, balbuceante, cuenta como si se tragara con ansiedad el micrófono, que un policía levantó la cobija. ¿La agredió, le hizo algo?, pregunta el reportero. No. Sólo "se tiró el rollo" (alcanzó a verla semidesnuda).

Relatos como éste abundan en la televisión. Menos frecuentes en el recatado territorio de la prensa escrita, en las pantallas suelen improvisarse retazos de la vida diaria que dejan al descubierto el desparpajo con que el periodista irrumpe en lo más personal y propio de los ámbitos humildes. Al personaje principal lo rodea el respeto y la cautela. Al ser anónimo, se le pregunta cómo se siente después de haberlo perdido todo en un incendio o un derrumbe, o cuáles son sus impresiones frente a la tragedia en la que murieron los seres queridos.

Parecería obvio que el umbral en donde se detiene la labor del periodista es la vida privada de la persona. El derecho a vivir en paz, sin intromi-

Must); es decir, no sujetas a revisión, edición ni corrección. Había que pasarlas tal cual. "Esto por supuesto no sucede hoy en día", agregó Meyer. El público, según cuenta, estalló en una sonora carcajada.[7]

Esto mismo ocurre aquí y allá. Según Meyer, las noticias que llegan a la sala de redacción por iniciativa de la sección comercial del periódico, son motivo de conflicto en empresas que representan el 79% de los lectores de diarios en Estados Unidos.

En la prensa Centroamericana no debe ser una excepción. Se trata, a veces, de cuestiones inocentes como anunciar acontecimientos deportivos y culturales que han pagado anuncios, o como el dueño de un restaurante que después de insertar una buena pauta de publicidad, recibió un mordaz reproche del crítico de gastronomía de *La Nación*, Rafael Ángel Herra. Sin embargo, en ocasiones, el compromiso con la ética es mayor, como la demanda de eliminar la razón social de casas comerciales implicadas en un fraude, o la petición de no mencionar nombres de personas importantes en conexión con delitos o suicidios.

Cuando el director, la redacción y los propietarios tienen una visión global del periodismo como institución y no sólo como empresa, esos conflictos se resuelven siempre de manera que prevalezcan los principios éticos. La ecuación óptima no la dan el director débil ni el propietario inocuo, sino la convergencia de la lucidez de ambos en un ángulo ideal de un órgano de prensa, sin divisiones internas ni escisiones entre administradores y periodistas.

---

[7] Phillip Meyer, *op. cit.*, pág. 39.

sional son siempre el equilibrio con que asigne cuotas diferentes de espacio a los sectores sociales que interactúan en una comunidad, el balance de la información y el rigor de las noticias. Debido a su fragilidad financiera y a la dificultad de separar los intereses de los propietarios y de los anunciantes, la empresa pequeña, individual o familiar tendrá siempre mayor dificultad para sobrevivir apegada a principios éticos como los que una empresa grande y sólida puede adoptar. Sin embargo, nada hay que impida el naufragio de ésta cuando cambie la fidelidad a sus principios por la veleidad de las pasiones; y, por el contrario, la empresa pequeña, idealista, romántica y menos temerosa de su condición económica, puede tener fuerza moral para adherirse a un código de conducta como condición *sine qua non*, con el fin de emerger y consolidarse en favor del público.

Ambas, la sociedad por acciones de bolsa y el pequeño taller en la cochera de la casa, necesitan el paso del tiempo para poner a prueba los mandamientos de Joseph Pulitzer,[6] los *siempre* y los *nunca* de la profesión periodística:

Siempre	Nunca
• Luchar por el progreso y la reforma	• Tolerar las injusticias y la corrupción
• Combatir a los demagogos de todos los partidos	• Pertenecer a un partido
• Oponerse a las clases privilegiadas	• Ser omiso en la simpatía por los pobres
• Mantenerse devoto del interés público	• Estar satisfecho sólo con publicar noticias
• Ser drásticamente independiente	• Tener miedo de atacar el mal

Philip Meyer hace el relato de una conferencia que dio ante directores de diarios en la que, al hablar de la intervención de los anunciantes en la sala de redacción, recordó que cuando era redactor de *Topeka Daily Capital* llegaban a su escritorio, procedentes de la Administración, hojas escritas en el papel amarillo con un sello que decía BOM (*Business Office*

---

[6] Joseph Pulitzer, citado por Stephen A. Forrester en "Los periódicos como grandes negocios". *Simposio Ruhl sobre la ética en el periodismo*, Escuela de Periodismo de la Universidad de Oregon, 1988-1989.

el propietario *ausente* es el que no tiene injerencia alguna en la decisión editorial; el propietario *estadista* es el que sólo interviene en casos benignos y muy pocas veces en casos malignos; el propietario *partisano*, el que interviene sólo en casos poco nobles; y el *político*, el que interviene en todo.

Como cada quien habla de la feria según le va en ella, Meyer, candorosamente, admite que el resultado de su investigación le permitió comprobar que la mayoría de los propietarios se calificaban a sí mismos como estadistas, mientras que los directores los llamaban ausentes. Sin embargo, cuando se les hizo la pregunta a los redactores, la mayoría de ellos calificaron a los propietarios como partisanos o políticos.

Sin embargo, la más válida de las conclusiones es que cuanto más pequeño sea el periódico (treinta mil ejemplares o menos), más políticos serán los propietarios, o más *partisanos*, hasta llegar al medio de comunicación en el que los cargos de propietario, director y redactor se confunden en una sola persona; en tanto que en los periódicos más grandes (cien mil ejemplares o más), la figura más frecuente es la del propietario ausente o político.

Meyer termina planteando un tema diferente y poco abordado en la bibliografía periodística: hasta qué punto la transición del periódico de circulación muy amplia a la compañía comercial cuyas acciones se cotizan en la bolsa; y la cadena o el consorcio periodístico, les va dando los directores de esos medios mayor autonomía para orientar el contenido editorial y adaptarlo a las modalidades de la comunidad a la que sirven.

> Los lectores no siempre son los beneficiarios de las economías (de escala) y de las oportunidades que ofrece la propiedad por acciones de cotización pública de los medios de comunicación. Es muy frecuente que los lectores paguen precios más altos (por estas publicaciones) sin un efecto compensatorio en la calidad.

La conclusión no es muy convincente. A menos que haya un cambio en la calidad que corresponda al mayor precio, los lectores no apoyarán durante mucho tiempo a un diario o a un medio de comunicación que aumente en forma constante sus tarifas. Las empresas de comunicación social, cuya propiedad se define por acciones en manos de numerosos dueños, están más propensas a fortalecer la independencia editorial y a contratar a profesionales en diversos campos de la ciencia y la tecnología. La circunstancia misma de la amplitud de intereses comerciales de los propietarios, particularmente la forma en que esos intereses se diversifican en la trama de una sociedad plural y competitiva, es un buen resguardo para la autonomía de los periodistas.

Las áreas más conflictivas de la relación entre la empresa y el profe-

Meyer coloca en el apartado de intervenciones malignas las siguientes:

- El propietario pide al director que se dé un trato especial a una compañía o a una persona que tiene influencia en el periódico.
- El propietario requiere trato especial para una empresa de su propiedad o con la que tiene nexos sociales fuertes.
- El propietario solicita al director que comisione a un redactor con el fin de que realice trabajos no editoriales, como hablar con legisladores para influir en la cámara de diputados sobre una ley que le interesa, o reunir información acerca de sus competidores.
- El periódico publica como noticias material que le envía la Administración.

De estos cuatro ejemplos, considero que el tercero es poco aplicable a la prensa centroamericana, excepto en cuanto a pedirles a los periodistas que asistan a eventos y escriban gacetillas para los anunciantes o amigos, las cuales se publicarán como si fueran informaciones de interés general. Si la Administración desea quedar bien con un buen cliente del periódico o retribuir una generosa campaña publicitaria, es más conveniente que tenga sus propios redactores para que escriban los informes comerciales y que éstos se presenten con un tipo de letra y un título que los distinga del contenido editorial.

No es frecuente que se dé la situación de un reportero en función de relacionista público o de espía industrial y, si se da, tanto peca el que lo pide como el que lo acepta. En cambio es más que normal que el propietario pida, o el director, *motu proprio*, conceda favores a los allegados.

No obstante, el ejemplo, comienza por casa. La mayoría de los redactores y directores que se quejan de los actos de favoritismo del propietario sin embargo, no tienen empacho, en recetarse cuotas de publicidad gratuita en su propio medio de comunicación. En ocasiones, quiénes intervienen en la producción intelectual y material de éste tienen la extraña sensación de que, por ese mismo hecho, son sujetos de noticias y adquieren importancia y notoriedad. ¿Con qué derecho se le puede negar al propietario que la pida para él y para sus amigos, si el director y los redactores no vacilan en adjudicarse una silueta prominente en su condición de simples ejecutores de la política editorial?

AUSENTES, ESTADISTAS O ENTROMETIDOS

Meyer dirige en seguida su atención al tipo de empresario o *editor* según la incidencia de su intervención en casos como los citados. Para él,

De estos tres ejemplos que ofrece Meyer para calificar de benigna la intervención del empresario en la política editorial, los dos primeros son indisputable atribución del propietario o su representante pero no el último.

En efecto, en esos dos primeros ejemplos no existe ninguna diferencia entre el comportamiento del propietario o su representante y el de otros grupos de presión con los cuales puede estar relacionado el director. Si éste escucha sugerencias de esos grupos, de sus amigos o de sus parientes, ¿por qué no hacerlo respecto al propietario? Si será suya la decisión final acerca de si procede ordenar un reportaje o publicar una noticia, nada obsta para que unos y otros, allegados al periódico o los propios dueños, quieran enriquecer la publicación con sus iniciativas. El director del diario no puede vivir en una torre de marfil o en un recinto amortiguador de ruidos, porque corre el riesgo de quedarse sordo respecto a la realidad que lo circunda.

De igual manera, corresponde valorar los juicios, las críticas y las reacciones del propietario en relación con el contenido del periódico o el noticiero de radio y televisión *una vez publicados*.

El dueño, la familia propietaria o los accionistas otorgan un mandato al director con el fin de que conduzca la publicación con los ciertos principios básicos, constitucionales, de los cuales no debe apartarse. En el momento en que los encuentre insoportablemente rígidos o limitantes de su conciencia, debe renunciar, abrir su propia empresa o buscar otro trabajo. La empresa contrata al director para que dirija, no para que se apropie del medio de comunicación y lo convierta en vocero de sus propios valores, ideas e intereses. Reconocer a los propietarios el derecho a criticar *a posteriori* no sólo es un acto de madurez, sino que concilia en un solo vértice los intereses empresariales con los profesionales, y da salud y estabilidad al medio de comunicación.

Relato la experiencia de *La Nación* porque me parece ejemplar. Los periodistas —el director, el subdirector, el jefe de la sección editorial— teníamos acceso a la junta directiva y en ella se dedicaba una parte de la sesión a discutir asuntos editoriales: noticias, comentarios, diseño, presentación, errores. Teníamos voz, pero no voto, en cuestiones relativas a la industria y el comercio del periódico. A la junta directiva no sólo le explicábamos las razones de la decisión, sino que apelábamos cuando alguna presión extraña trataba de torcer el rumbo editorial.

Pero los directores de la junta no se atrevían a ejercer siquiera el tipo de intervención que Meyer estima como benigna. Yo no calificaría de benigna, por otro lado, la intervención de los propietarios para asignar informaciones o fuentes, menos aún los paseos o visitas, por más ornamentados de casualidad que parezcan, por la sala de redacción. Este tipo de intervención es dañina para la autoridad del director, amedrenta a los periodistas y en la mayor parte de las veces, ocasiona malas interpretaciones.

única, de toda la vileza social y cultural del mundo de hoy y que "puede hacer más plata si no cumple sus responsabilidades que si lo hace".[5]

LA COLISIÓN DE INTERESES

El mismo autor citado W. H. Ferry, va al fondo del problema cuando contesta negativamente la pregunta de si la prensa puede cumplir sus responsabilidades culturales y sociales a pesar de su ligamen con los sectores más favorecidos de la sociedad. Su tesis es que el empresario tiene sus raíces hundidas en tantos privilegios, que no puede menos que servirlos y que sería contradictorio, si no suicida, hacerles frente.

Pocos autores han tratado esta delicada cuestión ética del periodismo moderno con mayor autoridad y rigor que Philip Meyer. En 1983, la sociedad Estadounidense de Editores de Periódicos le encomendó un estudio que fue publicado con el título de "Editores, empresarios y la ética periodística" (Washington D. C.). El enfoque del profesor Meyer es orientador. Mediante una encuesta que fue dirigida tanto a empresarios como a directores así como a miembros del personal de redacción, Meyer aisló los casos en los que la conducta de los primeros fue juzgada por los segundos y procedió a una tipificación por situaciones y personalidades, la cual reconocerá al instante cualquier periodista en su experiencia en la sala de redacción.

La clasificación de Meyer de los tipos de actuación del empresario abre dos grandes compartimientos: benigna y maligna. Por la primera entiende aquella participación del empresario que ayuda al director a mejorar la calidad del producto noticioso y editorial. Por maligna entiende la intervención para dar un trato especial a sus amigos o anunciantes o a usar la sala de redacción en su propio beneficio.

Los siguientes ejemplos ayudarán al periodista a reflexionar acerca de las situaciones que él mismo podría aportar como producto de su experiencia.

- El empresario, o quien lo represente en el medio de comunicación social, llama al director y le sugiere que emprenda una investigación periodística importante, pero deja la decisión final al director.
- El empresario utiliza el mecanismo de elogiar o criticar las decisiones del director como un medio para inducirlo a que haga las cosas como él quiere.
- El empresario visita con frecuencia la sala de redacción y trata de participar en la asignación de temas o de fuentes informativas.

[5] W. H. Ferry, *op. cit.*, pág. 53.

social se maneja con independencia de los otros grupos de presión; con autonomía profesional dentro de sí mismo y con el sustento de una organización empresarial eficiente.

La Comisión sobre libertad de Prensa condensó este ideario, común tanto a empresarios de la comunicación como a periodistas, en los siguientes conceptos:

1. Ofrecer un recuento verdadero, inteligente y completo de los sucesos cotidianos, en un contexto que le aclare su significado.
2. Abrir un foro permanente para el intercambio de comentarios y críticas a los diversos sectores que conforman la sociedad y hacerlo libre de prejuicios, con equidad y equilibrio.
3. Presentar y aclarar los valores y metas de la sociedad.
4. Dar pleno acceso a la inteligencia de hoy.[4]

El empresario que funda un diario o crea un programa de radio y televisión con objetivos diferentes de los anteriores, o del estudiante de periodismo que busca trabajo en un medio de comunicación con el fin de promover idearios políticos o confesionales, pueden darse de la mano en un esfuerzo común de vida corta y dimensiones estrechas. El hombre de negocios que quiere hacer una inversión rentable no sólo para sí mismo, sino para la sociedad ante la cual tiene responsabilidades, encontrará también a un periodista profesional que se adhiera a esos principios y quiera comprometerse a realizarlos.

Al hombre de negocios le corresponde la tarea de mantener a flote la empresa, generar ganancias para reinvertirlas en mejorar los recursos humanos y técnicos, y crear a su alrededor un foso que la separe de influencias políticas y financieras. También tiene la responsabilidad de hacer causa común con los profesionales contratados para llevar a la práctica aquellos ideales.

Al periodista le corresponde ser honrado en la prestación de los hechos y en la apertura de vías para el debate, justo en la asignación de espacios a los diferentes grupos o sectores sociales y certero en la tarea de examinar los valores y las metas de la sociedad.

De igual manera, el periodista debe ser solidario en la preservación de la solvencia de la empresa y en la búsqueda de instrumentos técnicos y financieros que le permitan competir responsablemente con otros medios de comunicación.

Este binomio está lejos de la apocalíptica sentencia de W. H. Ferry, en el sentido de que la prensa es la contribuyente principal, aunque no la

---

4 Citado por W. H. Ferry, *Ethics and the Press*, Hasting House Publishers, Nueva York, 1978, pág. 53.

bajos salarios. ¿Cómo quieren los propietarios que paguen de su bolsillo el almuerzo del entrevistado, si no les alcanza ni para el suyo?

La obsesión de los grandes consorcios periodísticos por generar utilidades plantea la cuestión ética esencial de si cumplen su papel en una sociedad que confía a la prensa la función de educar e ilustrar al ciudadano. El periodista inmerso en una estructura financiera y administrativa descomunal, percibe también la deshumanización de las relaciones internas con una actitud menos cínica. No es sorprendente que la dimensión del desparpajo lo abarque también a él. Cuando el medio de comunicación se hunde en la superficialidad y sólo intenta dar al público lo que pide y no lo que necesita, la respuesta del profesional parece ser la de Edwin A. Lahey: "Todo lo que necesito de la empresa es que sea solvente, y que me pague mi sueldo puntualmente". [3]

Al actuar también como grupos de presión en sí mismos, los periódicos pequeños tienden a plantear conflictos de no muy diferente naturaleza. La magnitud económica de la empresa, así como la forma en que esté constituida su propiedad, origina en el periodista problemas de conciencia. Un periodista recién salido del aula puede sentirse desanimado no sólo por el descubrimiento de un mundo que está lejos de las lecciones de deontología que recibía en la universidad, sino por la actitud —alzarse de hombros y ver para otro lado— de los colegas más maduros que encuentra en la sala de redacción.

UN IDEARIO COMÚN

Las pequeñas, medianas y grandes empresas, fundadas por un ideólogo o por un grupo de hombres de negocios al servicio de todos los sectores sociales o con horizontes de interés más amplios pueden, sin embargo, suscribir un ideario común que les permita sustentar su trabajo diario. Ese ideario define la función de la prensa como un medio de comunicación que informa, actúa como tribuna, refleja y da voz, con equilibrio, a los diversos sectores de la sociedad con la que interactúa y pretende tutelar sus valores y desentrañar sus aspiraciones.

Estas cuatro grandes tareas del periodismo no son incompatibles sino, por el contrario, perfectamente consistentes con una prensa que opere dentro del marco de un sistema de iniciativa privada, libertad empresarial, libre concurrencia y frenos y contrapesos con otros poderes constituidos o consentidos por la comunidad.

Indagar e informar, por un lado y abrir debate sobre ideas y valores, por otro, son tareas que se realizan mejor si el órgano de comunicación

---

[3] Citado por Phillip Meyer, Ethical Journalism, Longman, Nueva York y Londres, 1987, pág. 44.

Sin embargo, el espacio para la prensa sectaria se reduce cada vez más. Los medios de comunicación muy especializados todavía pueden nacer y desarrollarse de modo artesanal, pero todo parece indicar que el gran salto hacia la difusión amplia y eficaz de la información y las opiniones está reservado a aquellos que se inspiran más en los intereses generales y menos en los intereses de los grupos de presión.

Walter Lippmann, un preclaro periodista estadounidense ya citado, afirmaba que la prensa sólo dice la verdad cuando da las cotizaciones de la bolsa, los resultados deportivos y la temperatura del día anterior. Adlai Stevenson agrega con sorna: "Los periodistas separan el grano de la paja... y luego publican la paja".

Está visión de una prensa mendaz y fenicia, interesada únicamente en los negocios mercantiles, se nutre también de la actitud de algunos empresarios de los medios de comunicación. Pocos lo han hecho con tanto desenfado como el presidente del consejo directivo del London Mail, Harold Sydney Harmsworth: "Yo compro pulpa de madera, la proceso y la vendo para ganar plata".[1] Con la misma frialdad lo dijo otro de los grandes barones de la prensa de habla inglesa, Roy Herbert Thompson, cuando en 1977 declaró: "Yo compro periódicos para hacer dinero, y compro más periódicos para hacer más dinero".[2]

La pérdida de crédito de una prensa trivial y eminentemente mercantilista se remite también a las grandes cadenas de diarios y medios de comunicación. En Estados Unidos, los periódicos de la empresa Gannett —llamados *gannettoides* por Phillip Weis en un artículo de la revista *The New Republic*— mantienen la política de suministrar a las comunidades una dosis de periodismo prefabricado que viene de la central en Washington D.C. Así lo califica Weis: "El producto *es* la compañía: alegre, superficial, autopromotor, suspicaz con las ideas e implícitamente autoritario".

La crítica que se les hace a estas nuevas manifestaciones de la economía de escala aplicada al periodismo es que no demandan excelencia "Los Sulzberger y los Graham (las familias dueñas de *The New York Times* y *The Washington Post*, respectivamente) exigen excelencia editorial, e incidentalmente alcanzan unas utilidades respetables. Gannett y Newhouse no insisten en la excelencia. *Ipso facto*, no la reciben".

En América Latina, no son escasos los ejemplos de medios de comunicación cuyo objetivo fundamental es la renta del capital invertido. En la escala de prioridades de esos medios, el primer lugar indiscutible es para los dividendos; el segundo para mantener en pie las obras materiales y el tercero, para la renovación de equipos. Los periodistas argentinos se quejaban recientemente, en un seminario celebrado en Puerto Iguazú, de los

---

[1] Citado por Michael Josephson en "El mapa de la jungla del periodismo", revista *Ethics*, easier said than done, s/f.
[2] Roy Herbert Thompson, *op. cit.*

hoy en día las noticias, el periodista y el ciudadano común deben sentirse agobiados por una sensación de impotencia: su poca habilidad para enfrentarse a las presiones que le dan forma al entorno social y político que le rodea, y su poca capacidad para descifrarlas de una manera coherente.

El dilema entre demasiada información y poca información honesta es abrumador para el hombre común —comunicador o receptor—, el cual debe escoger entre noticias fragmentadas, intermitentes y dispersas, y escasos recursos de tiempo y dinero para tener acceso a ellas.

En mi opinión, no existe un problema de mayor jerarquía para quien intenta formar o trabajar en una empresa de información, que resolver de antemano si al torrente de información cotidiana, indiscerniblemente profusa, hace falta agregar un instrumento que facilite su comprensión y ayude al ciudadano común, no sólo a entender el mundo en que vive, sino a buscar relaciones menos conflictivas o más armoniosas con él.

Todavía a principios de este siglo se intentaba crear una empresa de publicaciones con la mente puesta en una causa política, religiosa o cultural. Era un mundo de concurrencia limitada en el cual una idea novedosa, un programa revolucionario y un proyecto comunal justificaban todo el proceso de organización de recursos que implica imprimir y trasmitir noticias y opiniones. De la hoja suelta o el micrófono abierto, esos rústicos medios de comunicación fueron evolucionando a publicaciones periódicas, en las que el dueño no podía hacerlo todo y contrataba a destajo o por estipendio a sus colaboradores.

Sin embargo, la humanidad está en vísperas del tercer milenio de la era cristiana y las condiciones para preservar un régimen de mercado de noticias y puntos de vista, distan mucho del principio del siglo, o incluso de hace dos décadas. A nadie escapa la importancia, para la sociedad moderna, de mantener abiertos múltiples canales de comunicación. Los grandes medios de comunicación de masas deben estar muy preocupados por ensancharse, mantenerse al día y formar consorcios entre sí, en medio de una tensión tan absorbente, que muchos se olvidan de preservar un régimen de opinión pública múltiple, competitivo y descentralizado, precisamente aquel que les permitió crecer y medrar. Mientras la gran prensa se ocupa de su papel constitucional, el espacio para las publicaciones pequeñas, especializadas, rurales o semanales, queda siempre abierto para la empresa individual que no puede comprar aparatos de impresión e instrumentos de difusión y todo tiene que hacerlo con *hombres-orquesta* contratados dentro de la misma familia.

Para unos y otros, para el gran consorcio de televisión, radio, prensa, revistas y comunicaciones, tanto como para el taller de impresión instalado en la cochera de la casa, están reservados los asuntos graves y solemnes de la conducta del gobierno y el derecho de los ciudadanos a censurarla o aprobarla.

4
La prensa como grupo de presión

RELACIÓN ENTRE ÉTICA Y TAMAÑO Y ESTRUCTURA DEL CAPITAL

En la intimidad de aquel recinto, cuando su única compañía es el repique de los teclados y el sordo rumor de las pantallas, el periodista padece esta tarde, como todas, la agonía de la decisión entre publicar o no publicar. Su cuaderno de apuntes tiene, en desorden, los datos más llamativos. Quizá la pequeña grabadora haya registrado lo que podrían ser citas entre comillas. Si hay cabos sueltos, afirmaciones sin confirmar, cargos sin sustento o descargos insinceros, podría esperar al día siguiente para estar seguro de su nota. Pero el ominoso reloj que preside todas las salas de redacción del mundo está a punto de dar las seis y el jefe le dirige miradas impacientes. De este lado de la comunicación, la incertidumbre habrá de resolverse en fracciones de segundo. Después de pulsar el botón final, sólo los mecanismos instintivos del jefe o la precaución del corrector pueden alterar o aplazar el producto de una sudorosa jornada de pesquisas. Lo cual espera que no ocurra. Porque frente a su escritorio hay un redactor más joven y más ágil que trabaja así mismo en una noticia exclusiva. Al mismo tiempo, en otra sala de redacción, no muy distante, el colega de un periódico matutino también está enterado de las novedades.

En el otro extremo de la comunicación está el lector.

Amanece como cualquier otro día y el diario y el noticiario desatan una rivalidad descomunal para atraer su atención. El reposado mensaje escrito compite con la imaginería instantánea. Los pregoneros ya no cantan la noticia en las esquinas, pero el aire está impregnado de mensajes, la vista se encuentra saturada por la policromía de los logotipos, la recurrente rima cantada se le ha alojado en algún nicho ocioso del cerebro.

Con tanta información disponible y con la velocidad a que se trasmiten

ganda y la publicidad identifican al líder más apto o al producto más idóneo como respuesta específica a las necesidades de un conglomerado político o un grupo de compradores. Las tendencias maniqueas presentan una imagen del mundo en blanco y negro. El periodista no necesita inducir a nadie a gastar. Por el contrario, el periodista sagaz tiene la pericia de mostrar dos, tres o más alternativas, entre las cuales la elección sólo depende del grado de sutileza del consumidor. El mercado está ahí, pero las leyes de la oferta y la demanda que lo presiden no intentan organizar la asignación de recursos, ni medir las retribuciones y los castigos de los que producen bienes y servicios. Su mercado son las ideas y su propósito, suplirlo con el producto de la información. Con base en ella puede elegir mejor a sus gobernantes o entender la dirección de las corrientes de pensamiento de las que se nutren los cambios y las transformaciones sociales.

Ver por encima del hombro al publicista porque es un agente del consumismo, o al propagandista porque vende su alma al diablo, no ayuda al periodista a entender correctamente su lugar en un mundo en que la división del trabajo ha creado especialidades tan precisas como la cirugía del trasplante de ciertos órganos y no de otros. La ética del trabajo de cada uno de ellos no tiene la inflexibilidad de las tablas del Sinaí. George N. Gordon señala que las autoridades federales estadounidenses no permiten utilizar crema de afeitar en vez de crema chantilly, o leche batida, en la filmación de anuncios, aunque la primera hace lucir más apetitosos los postres y la segunda se derrite con la alta intensidad de las luces del estudio. En cambio, señala Gordon, nadie se queja de que en un drama de televisión se empleen esos recursos.

La diferencia que no entiende Gordon es que en el teatro existe un sistema de convenciones sobre los límites entre la ficción y la realidad distinto del que prevalece en el mundo de la información publicitaria. El *hacer creer* de la novela, la poesía o el drama es posible gracias a una serie de recursos, entre los cuales el más frecuente es la fantasía y la imitación, no la reproducción simple y directa de los hechos de la vida real. La creación artística admite toda clase de ejercicios lúdicos con las concepciones de tiempo y espacio y con las dimensiones de esa realidad. En tanto, a la información no le está permitido moverse más allá del territorio fáctico, sin más permiso que el de la interpretación y la especulación legítimas.

El periodismo informativo y editorial se mueve a una distancia equivalente de ambos. Por eso sus problemas éticos no tienen las mismas respuestas.

horror: la hipérbole, la caricatura, una dosis de falsificación, la verdad incompleta o dicha a medias, que constituye una forma de inocua mentira. En el código de ética de un periodista no cabe la indulgencia con estas prácticas. El periodista piensa que si las empleara en la comunicación de mensajes noticiosos u opiniones editoriales, avergonzarían al gremio y lo desacreditarían para siempre.

Pero el publicista honrado tampoco exagera los recursos y siempre está listo para reconocer no sólo sus limitaciones, sino la sanción del consumidor ante el abuso. Como el relacionista público, no niega que su misión es enfocar las virtudes y colocar en la penumbra los inconvenientes del producto que debe anunciar, pero dentro de cotos de buen gusto perfectamente definidos, en los cuales la falsificación grosera y la creación de expectativas falsas pueden producir pírricas victorias publicitarias y no el sólido prestigio de una marca.

INFORMACIÓN, PUBLICIDAD Y PROPAGANDA

Cuando se aplican las técnicas de publicidad para disfrazar esfuerzos propagandísticos es cuando el prestidigitador muestra sus trucos. El publicista tiende a incorporar a la propaganda los métodos de la publicidad y sin duda, al hacerlo, aporta, enriquece y desmitifica muchas de sus connotaciones más deleznables. Puesto que la propaganda es una palabra asociada a la reiteración de lemas, a la saturación de imágenes y a la imposición de nociones que anulan la independencia y la soberanía del consumidor, pocos publicistas aceptan que la política sea un campo apropiado para desarrollar sus destrezas. Pero aquellos que lo hacen a partir de un bien ganado prestigio en el campo de la publicidad comercial, tratan de no cometer el error de darle a un político las características de un dentrífico. Exagerar sus cualidades puede ser tan nocivo como empequeñecer sus defectos. *Contrario senso*, la candidez en aceptar, aunque con resignación, los atributos negativos —la aparente falta de *carisma*, la edad avanzada del postulante— como parte de una personalidad, produce más dividendos que la forzada aplicación de cosméticos a la imagen del aspirante a un cargo público.

Propaganda, publicidad y periodismo son vertientes de la comunicación social con una base común en la semiología y en la psicología, pero a años luz de distancia las dos primeras de la tercera respecto a la complejidad del mensaje y al pronóstico de sus efectos. La propaganda y la publicidad trabajan con base en estereotipos de la realidad y dividen el mundo en claroscuros. Las zonas de penumbra y la trama multicelular de la realidad constituyen la esfera de jurisdicción del periodismo. La propa-

Identifique un deseo común, un temor inconsciente y generalizado o una ansiedad; piense en algo que relacione esta expectativa o esta inquietud con el producto que usted tiene que vender; luego erija un puente verbal o un símbolo pictórico que le permita a su cliente pasar de los hechos a los sueños compensatorios y de los sueños a la ilusión de que su producto, cuando lo compre, hará que las fantasías se vuelvan realidad.

Resulta evidente cierta ironía en esta descripción, pero el periodista debe recordar que también los intelectuales y los escritores desdeñan la publicidad tanto como el periodismo: creen que son "artes menores", que escribir noticias y dibujar símbolos para consumo de masas no puede compararse con escribir un poema o esculpir una estatua para la inteligencia.

Sin embargo, las palabras del novelista inglés le sirven al periodista para diferenciarse de ese mundo de cuento de hadas, en donde rigen otras normas éticas: no son mejores ni peores que las suyas, sino sólo diferentes.

LAS CONVENCIONES PUBLICITARIAS

La única manera en que el periodista puede saber si su mensaje fue realmente eficaz está en las reacciones inmediatas o morosas de los sectores afectados y los cambios en el futuro se produzcan en los hábitos sociales o los modos de convivencia. El publicista, en cambio, recurre a los expedientes de la ciencia y la tecnología para hacer pruebas de laboratorio. Son tan elevados los costos de la publicidad y la remuneración de los *talentos* que intervienen en ella, que un paso en falso equivaldría a lanzarse sin paracaídas... y en la jungla de la antropofagia.

El periodista prepara un reportaje y lo presenta a su jefe. Entre ambos toman un sinnúmero de decisiones delicadas que tendrán repercusiones sutiles. El publicista recurre al *focus group* para anticipar las reacciones de los consumidores; prueba en el campo las boletas de las encuestas antes de realizar los sondeos; presenta el borrador de su trabajo a ejecutivos, comités de directores y en ocasiones hasta accionistas, con el fin de no dar pasos en falso.

El periodista y su jefe estudian la estructura de la información, corroboran los datos en que se basa, tratan de equilibrarla con los puntos de vista de los adversarios y van al escritorio del corrector de estilo para que los patronímicos no tengan errores. Pero todo ese frenético control debe hacerse antes de la hora del cierre, la guillotina fatal que pone término al escrutinio meticuloso en busca de los errores o las distorsiones.

El periodista busca exactitud, equilibrio, objetividad, saturar la noticia con todo un universo de hechos a los cuales atribuye legitimidad e interés público. El publicista se permite licencias que el periodista vería con

sin embargo no lo hace de igual manera la calidad del producto.

¿Qué hace el periodista ante la simbiosis de los intereses comerciales que dominan su profesión?

INFORMAR Y VENDER LANOLINA

Lo más importante es entender la naturaleza empresarial de esta fusión y el papel que desempeña una persona interesada en informar sin deformaciones y opinar sin prejuicios.

En efecto, se trata de unidades de producción, pero no necesariamente de la misma categoría y aliento que la fábrica de cosméticos que pretenden vender esperanzas en vez de lanolina. El sistema es, el de la libre concurrencia, pero plagado de imperfecciones, distorsiones y esfuerzos de mendacidad venial que se disfrazan de creatividad.

El periodista se sumerge en una sala de redacción que prepara, de acuerdo con normas éticas y aspiraciones colectivas, un reportaje, una fotografía o un editorial que llevan el sello de la institución periodística. Pero debe entender que todo aquel esfuerzo intelectual, físico y deontológico no tendría sentido si el periódico no se vende o si el telenoticiero carece de audiencia. Y para que la institución periodística preste el servicio que se supone debe darle a la sociedad, tiene que aceptar su segunda naturaleza, la de empresa comercial, sin la cual aquella visión del mundo, testimonial, evangélica o transformadora, queda cautiva entre la fibra de papel y los pigmentos de tinta.

En segundo lugar, el periodista debe saber que la parte del diario o el noticiero sobre la cual no tiene control, tampoco está, necesariamente, en manos de gente poco confiable. La sala de preparación de anuncios de los medios de comunicación social es un inmenso y complejo taller *extra muros*, en el cual participan fabricantes, expertos en mercado, psicólogos estudiosos de la motivación que induce al consumidor a comprar, diseñadores de símbolos y mensajes llamados *creativos*. Esa sala de descomunales proporciones no se encuentra en un país dado, o en una región. Las multinacionales de la publicidad se mueven hoy ubicuamente. Ese anuncio de automóviles que no quiere proveernos de un medio de transporte, sino de un elixir de prestigio; y ese anuncio de tabaco que no sólo es una forma de aliviar la tensión, sino el umbral del romance, se fabrican en un modesto taller en Tegucigalpa o en un lujoso piso de Madison Avenue, Nueva York, y se publican en Guatemala y en Kenya, en Sri Lanka y en Azerbaiján.

Un novelista inglés, Aldous Huxley, describe el proceso de la siguiente manera:

aparición, una empresa podría estar perdiendo dinero más de 45 días y sus administradores difícilmente lograban percatarse de ello.

Esto ayuda a entender por qué resulta decisiva la proporción entre el espacio destinado a la información y el espacio dedicado a la publicidad, si la empresa quiere sobrevivir y tener éxito en un mundo de exigencias tecnológicas perentorias y una competencia cada vez más aguda con otros medios de información.

La radio escapa, temporalmente, a ese dilema. El proceso de modernización no se ha dado en ella tan rápidamente como en otros medios de comunicación, como la trasmisión por microondas, cables ópticos y satélites. Sin embargo, la radio afronta un reto de naturaleza diferente: la tendencia a una parcelación cada vez mayor de sus escuchas. La disponibilidad de mayor número de ondas para trasmisión. La posibilidad de reducir la distancia entre las frecuencias y el hecho de que cada vez se pueden encontrar en áreas geográficas más pequeñas, son la base de un pronóstico alentador para la libre concurrencia en esta materia. Si la regulación del Estado no introduce alguna rigidez en las concesiones, el darwinismo económico del mercado se encarga de hacer sobrevivir al más apto. Y el más apto es, el que encuentra un nicho y un público especializados.

En la televisión, todos estos problemas de dependencia de la publicidad, la atención a las demandas de la nueva tecnología y un aumento de la oferta de canales, son más dramáticos y pueden hacer crisis más pronto. Hoy asistimos al abandono de la grabación y trasmisión en cintas de 19 o de 25 milímetros de ancho; a la aparición de cámaras más compactas y de mejor resolución, al perfeccionamiento del color y al desarrollo de métodos de alta resolución de la imagen. Pero hace dos décadas, fue la trasmisión por cable o la presencia en el *dial* de una serie de posibilidades que no existían antes: el UHF, o *ultra high frecuency* que, combinadas con la codificación de señales, introduce el mismo fenómeno, ya no de fragmentación, sino de pulverización de la audiencia.

Un periódico de cien o doscientas páginas sería inmanejable, y las grandes ediciones dominicales, como las de la prensa nacional en los Estados Unidos, ya agotaron esa posibilidad. La capacidad de impresión instalada para sólo uno de los días de la semana, es costosísima. Si bien en esos días aumenta el tiempo de lectura y los anunciantes son más generosos con sus presupuestos, los diarios tienen tanto volumen —algunos hasta medio kilo de peso—, que equivaldrían a leer una Biblia cada domingo, si alguien pudiera abarcar todas sus páginas. Pero el horizonte en la televisión no es mejor. El día tiene sólo veinticuatro horas y ya hay algunas estaciones en América Central que las agotan con todo tipo de recursos. La oferta de profesionales calificados y artistas ante las cámaras no es suficiente para satisfacer la demanda. Los salarios tienden a subir,

proyectada tienen el valor de una autenticidad no discutida de antemano. Se puede responsabilizar a los medios de comunicación por lo que informan o por lo que comentan, debido a que son sus periodistas los testigos o comunicadores de la realidad y porque su obligación elemental es comprobar que no se trata de una verdad a medias, de una franca distorsión de lo ocurrido o de una visión unilateral y amañada de los hechos.

Cuando se convoca a los periodistas a informar acerca de un acontecimiento de interés exclusivo para los anunciantes, sus posibilidades de indagación están expresamente cercenadas. Sólo caben en su informe el panegírico y la información "positiva". Cualquier descuido en la presentación de los datos que interesan al cliente de la publicación, puede ser motivo de resentimiento o de abandono. El periodista que atiende estos requerimientos llega a informar con un prejuicio y un sesgo: de que el anunciante esté contento depende, en suma, la supervivencia del medio de comunicación. Nada que pueda cuestionarlo cabe dentro de la misión específica que se le ha confiado.

No dejaría de ser un acto de arrogancia irresponsable, o de cinismo desenfadado, intentar darle gato por liebre al lector. Cabe señalar que muchos medios de comunicación social se ruborizan si alguien los sorprendiera en un acto de mendacidad noticiosa; sin embargo, no tienen empacho en hacer creer que el mismo interés público que les guía en una denuncia sobre corrupción, es el que les inspira cuando intentan hacer pasar por información legítima lo que no es más que el interés comercial de un cliente.

EL PUNTO DE EQUILIBRIO

En el mundo, solo se dan casos excepcionales de prensa cotidiana o revistas de noticias, en los cuales el lector paga la totalidad, o una cuota muy alta, del costo de redactarlas, imprimirlas y ponerlas en circulación. Por lo general, es el anuncio el que ayuda a absorber gran parte de ese costo, con lo cual permite la mayor venta posible por suscripciones. Por lo tanto, la economía de la empresa exige la búsqueda constante de un sano equilibrio entre el mayor número de ejemplares que garantice una clientela de lectores muy amplia, compatible con los costos variables como el papel, la tinta, la electricidad y la obra de mano de taller, que el ingreso por anuncios pueda sufragar. Pero como la eficacia de la publicidad es, a su vez, una función del mayor número de lectores y de la menor saturación posible de avisos, más que un oficio es un arte encontrar en una empresa periodística ese precario, inestable y huidizo punto de equilibrio. Las computadoras son un auxiliar invaluable al hacer las correcciones en el momento preciso. Sin embargo, antes de que la computadora hiciera su

La sección de anuncios de una publicación y los jefes de relaciones públicas quisieran la mayor difusión de las actividades de sus clientes. ¿Existe algún inconveniente en complacerlos? La publicación debe crear un espacio para incluirlas como publicidad gratuita o por cortesía del medio de comunicación, si lo prefiere, pero con indicación muy clara de que se trata de una sección distinta de la noticiosa y la editorial. Esa información comercial enlaza los intereses de quien produce y quien compra, y cumple, por tanto, una función legítima en un medio de comunicación social, pero su ámbito de interés es tan reducido, o la naturaleza de los compromisos que cumple es de índole tan material —una ganancia para quien produce, un apetito saciado en quien consume— que conviene establecer una nítida discriminación respecto a las informaciones en las que se afecta a conglomerados sociales más amplios y con base en cuestiones de mayor peso y jerarquía.

En todo caso, el lector debe saber exactamente cuáles son las reglas del juego. Cuando los gestores de avisos en el medio de comunicación tienen interés en hacer publicidad a un cliente o a sí mismos, el espacio donde lo hagan debe estar identificado como tal, con letra diferente o con un acápite que indique "anuncio". Ésa es la lealtad más elemental que el medio le debe a su público si quiere ganarse el respeto y la sostenida aprobación de sus esfuerzos.

EL ANUNCIO PUEDE MENTIR

La razón básica por la cual el contenido editorial de una publicación tiene que diferenciarse claramente del contenido comercial es que el control de la calidad, la prueba de la verdad y el rigor del equilibrio que debe ejercer la redacción respecto a sus noticias, no la realiza la administración respecto a los productos que divulga la publicidad. El anuncio puede exagerar los atributos de éstos. La noticia, no. Son los comerciantes mismos o sus agencias los que conciben el mensaje propagandístico y se hacen responsables de la veracidad de su contenido. Antes de aceptar un anuncio, la publicación no lleva a cabo prueba alguna que le permita cerciorarse de que no representa un malicioso esfuerzo por engañar al consumidor. Las características del producto pueden estar alteradas; sus atributos ser puramente imaginarios; los precios y las condiciones de compra, ocultos o distorsionados. Éstas son reglas de juego conocidas por los consumidores de publicaciones y, por tanto, no se espera que su grado de credulidad sea tal que acepten como buenos todos los mensajes publicitarios. El papel aguanta lo que le pongan.

Pero en materia de noticias y opiniones, el lector y el escucha saben que los controles son más estrictos y que la letra impresa o la imagen

independiente, es más fácil para el redactor, el editor y los propietarios, trazarles un límite a las pretensiones de los compradores de espacios publicitarios, que para los periodistas de un medio comprometido buscar oxígeno fuera de las tiendas partidistas. El periodismo indagador e independiente tiene un lugar asegurado en la sociedad democrática, plural y competitiva, como instrumento de control de los excesos de poder de los grupos legalmente organizados y susceptibles de imponerse a los demás.

EL ANUNCIO ES UNA NOTICIA

Es necesario poner en su verdadera dimensión la naturaleza del anuncio, con el fin de que lleguen a un acuerdo los administradores del medio informativo y los periodistas que trabajan en él. En una sociedad en donde la organización de la producción es marcadamente capitalista, la propaganda comercial es parte del menú en el que los lectores de un diario o los televidentes de un noticiero buscan la información que les interesa. Pero los anuncios no responden a la misma justificación ética que las noticias. Su clientela es distinta; su objetivo, diferente. Las secciones comerciales de la prensa son el periodismo del mercado. La oferta de bienes y servicios necesita de un vocero y un instrumento de comunicación y lo encuentra en la parte del diario o del noticiero de televisión que se dedica a explicar dónde están y cuáles son las características de ingredientes y precio que los distinguen. El acceso al medio de comunicación está garantizado para quienes puedan pagar la tarifa.

Por el contrario, la publicación debe velar para que las consideraciones pecuniarias sean totalmente ajenas al criterio de selección de lo que debe o no publicarse. El mayor grado de respeto lo logrará un medio de comunicación, en la medida en que publique noticias u opiniones que pueden repercutir en contra de su propio ideario, o de los intereses y preferencias de sus dueños.

Uno de los mayores accionistas de *La Nación* era el propietario de una hacienda azucarera. Cuando se declaró una huelga para reclamar mejores condiciones de trabajo y salarios, el periódico informó de ella. Entonces, los promotores del movimiento intentaron un segundo desafío a la honradez y el equilibrio del periódico y erigieron una tienda de campaña en el lugar más céntrico de la ciudad capital: en el atrio de la Catedral Metropolitana. Dos dirigentes sindicales se declararon en huelga de hambre y se resistieron a que la policía los sacara de la tienda. *La Nación* publicó una fotografía y un informe. El accionista y propietario de la hacienda azucarera no objetó la información, pero pidió que se consignaran los puntos de vista de la empresa acerca del movimiento huelguístico. Obviamente, había sido una falla de la redacción no incorporarlos a la noticia original.

social y económico del que surgen las publicaciones. El sentido gregario de la cofradía tiende a imponerse sobre la necesaria independencia de los medios de comunicación social. Una alianza no escrita entre la propiedad de los medios de producción, el régimen de gobierno que la sustenta y las fuerzas armadas que lo respaldan, constituye una trama de intereses y reflejos condicionados. Esa alianza reacciona con perplejidad cuando las publicaciones se atreven a sostener criterios que van a contrapelo del sistema, o abren sus páginas a la opinión y a la información de los enemigos de éste.

La forma de organización favorita de estos países es la empresa organizada originalmente por periodistas que evoluciona dentro del núcleo familiar y que, cuando crece, se convierte en sociedad anónima cerrada. Es prácticamente desconocida la cooperativa de trabajadores de la redacción y del taller. No es común encontrar una empresa abierta a accionistas minoritarios. El cuarto poder es un poder instrumentado que no puede aspirar al equilibrio con el Ejecutivo, el Legislativo y el Judicial.

EL PERIODISMO CONTESTATARIO

En América latina, el periodismo contestatario es solamente el político. Grandes patriotas y líderes han utilizado la trinchera de la prensa para combatir a sus adversarios y forjarse una plataforma propia. En América Central abundan los ejemplos de periodismo de combate al servicio de las nobles causas republicanas, democráticas y liberales. La familia Chamorro Cardenal y Chamorro Barrios en Nicaragua; Clemente Marroquín Rojas en Guatemala; Otilio Ulate en Costa Rica; La familia Arias en Panamá. Cuando se revisan las páginas de *La Prensa de Nicaragua*, *La Hora de Guatemala* y el *Diario de Costa Rica*, es fácil comprobar que los tribunos las utilizaban como tribunas.

Pero hay una función de la prensa como instrumento de control, como fiscalizadora del gobierno, como abogada de las transformaciones sociales y políticas, que escasamente tienen que ver con la barricada o la retórica de la lucha por el poder. Atañe, más bien, a la contención de sus excesos. Ese periodismo contestatario tiene la misión de denuncia y oposición, no sólo de información. Pero la misión se emplaza desde un ángulo desprovisto de interés por el poder mismo o por asumir responsabilidades públicas de elección.

La diferencia esencial entre la prensa partidista y la prensa contestataria es que al condicionamiento y el corsé de la primera corresponden la emancipación y la flexibilidad de la segunda. Ambos tipos de periodismo afrontan el problema de la tiranía del anunciante o del que paga los subsidios. "*El que paga, manda*", dice el refrán. En el caso de la prensa

3
Prensa institucional y prensa comercial

SUBSIDIO CONTRA VOTACIÓN

En la práctica, las instituciones necesarias para asegurar el bien común, sean de origen público o privado, se mantienen gracias a que alguien aporta los recursos para sostenerlas, sin esperar recompensa ni rédito, o bien se someten a la aprobación general y dependen para su subsistencia de la medida en que lo logren. En los países en donde hay un sistema descentralizado de decisiones y la mayor parte de los recursos disponibles la asigna el mercado, los medios de comunicación social no dependen de subsidios. Por tanto, responden a intereses de los grupos que los financían, o se someten diariamente a una suerte de votación entre sus lectores y anunciantes en competencia con otras publicaciones.

Es normal que en la organización de esos medios de comunicación social se dé el conflicto entre los intereses económicos de la empresa, representados por la administración, y los objetivos sociales y políticos de la institución, representados por la redacción.

Cuando se trata de publicaciones confesionales, partidistas u oficiales, cuya principal fuente de sustento está en el presupuesto de la congregación o el gobierno, esa pugna no es tan abierta como cuando los medios de comunicación trabajan en un medio competitivo y se sujetan a la oferta y la demanda. La administración lucha denodadamente para que la publicación no ofenda ni irrite a sus clientes, patrocinadores y anunciantes. La redacción entiende muchas veces que su misión es, precisamente, ganar adeptos entre sus lectores y servir los intereses del bien común, no el patrimonio de los privilegiados. Por ello, resulta evidente la necesidad de establecer una frontera entre las funciones de una y otra.

La prensa latinoamericana no ha logrado colocar esos mojones de manera permanente y precisa. Los anunciantes son parte del mismo sector

BUSCAR ALIADOS
O DEFENDERSE SOLO

El vendedor de aparatos de televisión amenazó a *La Nación* con suspender las veinticuatro páginas completas que tenía compradas para Navidad, si el periódico seguía atacando en sus editoriales la posición de quienes, como él, buscaban un trato fiscal preferente y excepcional. El propietario de una sala de exhibición cinematográfica hizo sonar sus monedas en el mostrador de anuncios del periódico al tiempo que decía, para que todo el mundo oyera: "No recibirán más plata mía si no quitan a Catania". (Carlos Catania era un intelectual y escritor argentino que se encargaba de reseñar las películas.) El periódico no quitó una coma de sus editoriales ni Catania dejó de escribir la crítica de cine. Gay Talesse relata situaciones semejantes en su libro *El reino y el poder*, algunas de ellas tan pintorescas como la llamada de la madre de Arthur "Punch" Sulzbeger a su hijo para pedir que no se publicaran reportajes "ofensivos" para su *alma mater*.

En ocasiones, los grupos de presión no son sino obispos, presidentes, magistrados, los propietarios mismos o sus hijos, todo aquel que se siente en el derecho de pedir al medio de comunicación que suprima, incluya, modifique o maquille una noticia. Pero si el periodista no encuentra entre ellos un aliado y se queda solo en su bastión de comportamiento ético, saldrá más robusto de la prueba y podrá ejercer, en adelante, su profesión en forma más digna e independiente. Puede ser que no obtenga recompensas, pero tampoco tendrá remordimientos.

QUIÉN DEBE DAR
EL EJEMPLO

El director y los periodistas conocen las debilidades y las fortalezas de los dueños de los medios de comunicación y, en efecto, con frecuencia caen abatidos ante la necesidad de cambiar la orientación de su trabajo con el fin de satisfacer demandas irracionales de los grupos de presión. Pero hay casos en los cuales se produce un ejemplar consorcio de ideales y voluntades. Conozco el de una estación de televisión salvadoreña que ilustra la situación. El sector privado había decretado un paro en protesta contra decisiones de política gubernamental y solicitó a toda la prensa su solidaridad. El propietario de la estación de televisión no quiso unirse a él. Decidió que precisamente en circunstacias como la de una huelga de brazos caídos era mayor su responsabilidad de mantener las antenas erguidas. El día del paro, la presión de los grupos promotores llegó hasta el punto de amenazas expresas de boicot de anuncios. El propietario no alteró su posición y todos sus redactores, editores y técnicos se solidarizaron con él. La trasmisión de noticias, por cierto, lejos de mostrar ese día fisuras en el frente empresarial, ayudó a acentuar dramáticamente la protesta empresarial porque, en efecto, con excepción de aquella televisora, el comercio y la industria cerraron sus puertas y así lo informaron los reporteros. Pero el castigo de los grupos de presión no se hizo esperar. Cuando concluyó el paro, uno tras otro, los comerciantes que anunciaban en la estación comenzaron a retirarse hasta que la empresa se quedó con un puñado de ellos. El perjuicio económico fue grave. Sin embargo, la empresa ganó prestigio. Y la estatura moral que tenía ante sus empleados creció y hoy en día, gracias a la firmeza de su actitud ideológica, ha podido recuperar gran parte de las cuotas publicitarias que temporalmente desertaron.

El señor McDonald tiene razón: no pocas veces en el litigio entre verdad y objetividad, por un lado, y la fuerza de los intereses comerciales —la savia que alimenta a los medios de comunicación social en el mundo capitalista— por otro, la prensa dobla la rodilla. Pero cuando logra mantenerla enhiesta, se rodea de una grandeza moral que inspira respeto entre los mismos grupos de presión que quieren doblegarla, e inyecta un sentido extraordinario de integridad a los periodistas.

---

2 John C. Merril y Ralph D. Barney, *op. cit.*, pág. 69.

deos de opinión. Un periódico de pretensiones liberales no puede subsistir durante mucho tiempo con una clientela conservadora. Un diario no puede eludir la obligación cultural de editar un suplemento literario los domingos, pero cuatro páginas diarias de relatos, poesía y artes plásticas pueden resultar contraproducentes para las pretensiones de una publicación de salir pronto a flote con los costos.

Por otro lado, el termómetro de lo que piensa el público es determinante en la dosificación de los materiales, pero sujetarse tozudamente a él hace desaparecer el encanto y la mística de la función de la prensa. En el grado en que un medio de comunicación sucumba al interés predominante de los núcleos más densos de sus lectores y se olvide de sus objetivos formadores de opinión pública, retrocede en su carácter de institución y vuelve a ser, simplemente, una empresa.

Actualidad, cercanía y repercusiones siguen siendo los criterios invariables para aceptar o rechazar una noticia. Pero si la prensa no quiere renunciar al desempeño de su más elevada misión en la sociedad, tiene que ir siempre adelante de ésta y no sólo marchar con su mismo ritmo. Cuando un medio de comunicación alcanza suficiente madurez financiera puede darse el lujo de sostener tesis, publicar informes o abrir secciones que no coincidan, exactamente, con los criterios, gustos o preferencias del público lector en un momento dado. Más aún, se les reconoce a los medios de comunicación el papel de espejos cóncavos y convexos, en los cuales el lector puede ver, de manera transitoria, deformada la imagen que proyectan a través de la prensa. El medio de comunicación tiene la obligación moral de reflejar la textura social e individual tal como la percibe, pero no la de someter diariamente a plebiscito cada una de sus opciones de información y opinión editorial. Por el contrario, los grandes periódicos a menudo sostienen en sus editoriales puntos de vista o publican reportajes que pueden ser impopulares y que tienden, justamente, a revertir tendencias culturales que sus directores consideran anacrónicas, injustas o perjudiciales.

Respecto a sus anunciantes, los conflictos más frecuentes son aquellos que surgen de la interpretación de los empresarios, y sus grupos de presión —las entidades de los empresarios, las asociaciones industriales— en el sentido de que, cuando compran un espacio para anunciarse, adquieren también el derecho a influir en las decisiones noticiosas y editoriales de los medios de comunicación. Donald McDonald, en su artículo "¿Es posible la objetividad?" dice :

> Teóricamente, la naturaleza comercial de los medios de comunicación que los hace buscar y hacer utilidades no tiene necesariamente que comprometer los esfuerzos para producir un periodismo con integridad. En la práctica, la teoría a menudo no se sostiene o, más exactamente, se le permite que se derrumbe.[2]

Esa es la razón por la cual opino que el periodista centroamericano debe complementar su formación con una mayor instrucción académica y más educación extrauniversitaria. El que no nace con ese instinto no llegará a desarrollarlo jamás o será un mal periodista. El que lo tiene debe depurarlo por medio de cultura general, conocimiento especializado y de aprovechar la experiencia de sus colegas y maestros.

El periódico y los programas de noticias en la radio y la televisión son empresas comerciales y, por tanto, deben organizar sus recursos de tal manera que la bondad de su producto genere popularidad entre lectores y anunciantes. Son frecuentes los conflictos con unos y con otros. Con los lectores, porque no siempre coinciden con el criterio de oportunidad y rigor de las noticias que merecen ser publicadas. Con los anunciantes, porque a menudo sus artículos y servicios son criticados o no reciben, en su opinión, una adecuada mención gratuita en los medios de comunicación.

Tampoco es ajena la prensa a la tarea de mediación cuando se oponen o se contraponen los intereses de los lectores y los anunciantes. Parece verdad de perogrullo señalar que los medios de comunicación y los periodistas deben ser independientes de unos y otros, y que si tienen que actuar en caso de conflicto, su deber de tutela está del lado de los lectores y no de sus clientes.

MERCADOTECNIA, NICHOS, PREFERENCIAS

No creo que sea un misterio, pero tampoco se puede estudiar en forma científica, la causa de la prosperidad o la decadencia de un medio de comunicación. Salvo esporádicos ejemplos de publicaciones que parecen dar en el clavo súbitamente, la mayor parte de los medios informativos llega a la longevidad después de un largo diálogo de ajustes y reacciones con la comunidad en la cual surge. Es probable que no se pueda reducir a uno, sino a una compleja red de razones, el motivo por el cual un periódico o un noticiario alcanza la cúspide de la popularidad y, cuando comienza a descender, se proyecta en una agonía larga, extenuante y dolorosa.

La sabiduría convencional en esta materia sostiene que la adhesión del público tiene que llegar a un estado de fidelidad constante, para que el medio de comunicación se sienta consolidado.

Pero el silogismo no siempre es capaz de explicar la multiplicidad de factores que van forjando esa amistad entrañable entre la prensa y sus lectores. Las técnicas modernas de mercadotecnia pueden ser herramientas útiles para medir, en determinado momento, una crisis de identidad. El contenido de la información puede cambiar como resultado de los son-

EL MARCO DE REFERENCIA

Si la conferencia de prensa tiende a medir a los periodistas con un rasero común, el método opuesto, la confidencia hecha en la intimidad, la exclusividad de los informes o la comunicación de datos no citables, tienen que poner al periodista en guardia. Detrás de cada una de estas conductas no siempre se esconde el deseo de desencadenar una investigación genuina. El periodista debe afinar sus sentidos y desarrollar una percepción extrasensorial. Si el grano no está claramente separado de la paja, todo lo que debe hacer el periodista es utilizar el marco de referencia, el cual, como su nombre lo indica, sirve como antecedente, como telón de fondo, como el punto de partida desde el cual se inicia la indagación.

Si la información no es susceptible de cita con nombre y apellidos del informante y, por tanto, es necesario proteger el anonimato de la fuente, antes de que el periodista decida hacerse responsable de su contenido y reponder por él ante sus jefes y ante sus lectores, la más elemental cautela aconseja recibirla a beneficio de inventario, desmenuzarla en todos sus componentes, abrir sus pliegues más íntimos, con el fin de desentrañar hasta qué punto se trata de una información confiable y contiene la sustancia de un reportaje legítimo o una noticia valedera.

NATURA Y SALAMANCA

El periodista no se mueve en un mundo de arcángeles. Si sumáramos los profesionales del periodismo en América Central y comparáramos al cifra de *relacionistas públicos*, voceros, funcionarios de información y prensa y otros intermediarios, públicos y privados, que ofician de puente entre los medios de comunicación y los objetivos de la comunicación, llegaríamos a la conclusión de que el periodista tiene a su disposición un riquísimo conjunto de posibilidades de consulta o investigación. Es posible que todos esos agentes quieran abrumarlo con su versión de los hechos. Todos ellos están en franca competencia entre sí por la atención del periodista. Lejos de significar un obstáculo en las tareas de éste, ese enjambre de intermediarios puede convertirse en verdadero auxiliar en su tarea. No creo en la visión paternalista que tiende a proteger a los informadores del asedio de esta red de intereses creados o grupos de presión, cuyo objetivo cotidiano es aparecer en una columna en el periódico o treinta segundos en la televisión para su cliente. El periodista está equipado con un instinto que le permite discernir claramente entre la información útil, valiosa, procedente, de interés público, y la búsqueda del interés privado ante el que no puede claudicar.

EL RITO DE LA CONFERENCIA DE PRENSA

La falta de tiempo y la obligación de redactar o filmar de prisa han creado sistemas de comunicación entre las fuentes periodísticas y los profesionales del periodismo que no se cuestionan. La conferencia de prensa es uno de ellos. El principio de que todos los medios de comunicación —esto es, todos los lectores y escuchas de diarios y estaciones de radio y televisión— tienen igual derecho a conocer las noticias y a repreguntar a los que las dan, proporciona un sustento lógico para instituir la conferencia de prensa. Pero el funcionario de la institución pública o el gerente de la empresa privada buscan otra cosa. Su objetivo es dar sólo la información que les interesa, inducir una presentación uniforme de la noticia en todos los medios y evitar las preguntas molestas o comprometedoras. En la premura del cierre a las seis de la tarde, son contados los jefes de información que exigen más datos, que buscan de nueva cuenta al funcionario y la gerente para hacerle, en privado y sin la competencia que se entere, las preguntas que quedaron sin responder; y menos aún los editores que piden a sus jefes de información los puntos de vista de las personas criticadas, acusadas o simplemente mencionadas en forma adversa, por quienes llamaron a la conferencia de prensa.

Por fortuna, el periodismo pasivo, el que depende de la iniciativa de los generadores de información, comienza a ser sepultado en algunos países centroamericanos. La competencia de la radio y la televisión puede adjudicarse este mérito. Pero en algunos todavía se practica la teoría de que es la noticia la que debe buscar a la prensa y no a la inversa. La sala de redacción no es un centro propulsor de ideas noticiosas, sino el canasto a donde llegan las consejas, especulaciones, rumores, boletines e informes. El medio de comunicación carece de soberanía para decidir cómo se jerarquizan las noticias, cuáles proceden y cuáles se desdeñan, dónde están las instancias que permiten ahondar más en el significado y menos en la apariencia de la realidad. En esos casos, la sala de redacción es como una descomunal notaría pública en la que se registran todos los eventos que los interesados quieren destacar. ¡El oficio de periodista tiende a parecerse tanto al del escribano! Los periódicos tienden a identificarse tanto con el monitor parroquial, que uno se pregunta si valdrá la pena una carrera universitaria de cuatro o seis años para terminar en la función de meros reproductores de una adocenada, inconsistente y arbitraria concatenación de hechos, en vez de ser analistas e intérpretes de la realidad que nos circunda.

el descubrimiento científico, la evolución del pensamiento, la victoria del espíritu humano.

Julián Marías se quejaba, con fundamento, de que confundimos la información con la noticia, la cual es "algo que ocurre en un día determinado y se puede referir en un telegrama o su equivalente".

Peor aún, esa misma noticia, escueta y perecedera, como lo señala el filósofo español, es incomprensible sin el marco en que acontece. Y el marco desaparece.

Si Balzac tuviera que juzgar a la prensa contemporánea, quizá todavía no le permitiría ascender de su condición de subgénero literario. Si Walter Lippman viviera, posiblemente no cambiaría su criterio de que se trata de una profesión subdesarrollada.

Desde 1631, La Gaceta de París lo afirmaba: el periodismo es "el reflejo de los sentimientos y rumores de una época que pueden o no ser ciertos".

No sólo los Spiro Agnew menospreciaron a la prensa. Mark Twain solía decir que si un idiota se casa con una idiota, pasadas cuatro generaciones el resultado será un editor de prensa.

Los periodistas nos situamos tantas veces en el primer plano de la realidad que desenfocamos, en una reacción defensiva que se convierte en un impulso mecánico, todo lo que se encuentra en el escorzo. Intentamos simplificar el mundo de tal manera que en vez de un retrato, dibujamos de él los rasgos grotescos de una caricatura.

Inventamos procedimientos de un trabajo o rutas litúrgicas en las cuales se acomoda, ordenando, coherentemente, lo superficial, y no dejamos pasar por el fino cedazo la atmósfera, los antecedentes, el contexto, todo aquello que tiende a reflejar de manera más exacta y completa, en el tiempo y en el espacio, la realidad que nos circunda. El proceso de fragmentación de la realidad nos hace reproducir el mundo que nos rodea como si fueran las piezas de un rompecabezas. La limitación de espacio y la carrera contra el tiempo nos obligan a escamotear al lector o al escucha los pasos intermedios de un proceso evolutivo que sólo es comprensible si alcanza la continuidad deseada.

Por ello, un ilustre colega, premio Nobel de literatura, Gabriel García Márquez, tenía razón cuando decía:

> Los medios quieren averiguar [...] las cosas en el mismo momento en que suceden. Inclusive con una llamada telefónica. En la carrera en que andan los periodistas debe haber un minuto de silencio para reflexionar sobre la inmensa responsabilidad que tienen.

aglomeraciones, menos aún manifestantes. Un grupo de cubanos que querían emigrar a Estados Unidos llamaron a la estación de televisión y preguntaron si enviaríamos un reportero al lugar, distante del centro de San José, en donde la guardia civil había autorizado su manifestación. Nuestra respuesta fue que todos los periodistas estarían ocupados a esa hora, en las ceremonias de dicha visita. Del otro lado de la línea, el líder del grupo me hizo una propuesta: "¿A qué hora deberíamos hacer la manifestación para que pueda ir un reportero?" Dos horas antes del desfile, fue nuestra respuesta. Más aún, como yo simpatizaba con la causa de los cubanos, porque se les había permitido ingresar a Costa Rica con la promesa de que estarían en el país sólo unos meses mientras se tramitaba su visa, les propuse que cambiaran el sitio de la manifestación a una plaza más distante, pero desde donde podríamos instalar una microonda y enviar la señal a la antena ubicada en el volcán Irazú. La *cobertura* sería, pues, en vivo y directo.

Los cubanos eran muy pocos, el acto no tenía interés noticioso más allá de una pequeña viñeta de contraste o colorido para la visita del presidente de Estados Unidos de América, pero el medio de comunicación se confabuló con quienes lo protagonizarían para convertirlo en noticia. Fue un gravísimo error.

EL ESCORZO Y EL CONTEXTO

La ley del menor esfuerzo nos sofoca. Los mejores impulsos del talento quedan ahogados en la monotonía de la jornada diaria. Los reporteros generales no quieren especializarse y los que trabajan en política, economía, ciencia o salud, creen que no tienen por qué saber más, o que saben más que los verdaderos especialistas.

Para emplear el lenguaje que Azorín aplicaba al parlamentarismo, los periodistas hacemos de la insinuación una noticia, de la reticencia una virtud, de la omisión un privilegio.

Padecemos de la misma ceguera que las universidades y las iglesias, que se niegan a la discusión, a someterse a examen y autocrítica, a volverse al revés para verse por dentro.

Nos creemos infalibles. ¡Cuánto nos cuesta reconocer una equivocación! De hecho si la admitimos, no lo hacemos de una manera explícita. Siempre estamos dispuestos a agregar una nota al pie a las aclaraciones, porque somos dueños del espacio y por tanto, tenemos derecho a decir la última palabra.

Nuestra retina padece de una deformación inevitable. Para nosotros, el gordo Porcel y sus gatitas, el festejo nórdico del *Halloween* y el desempeño del futbolista, tienen precedencia sobre el progreso cultural y político,

policía los alertó sobre la hora y el sitio en que prenderían fuego al edificio en donde se encontraban las *panteras negras*, tras cuya caza iban, por lo menos debieron informar al público que aquel espectáculo dantesco de la captura llegaba a los hogares en vivo y a todo color gracias a una confabulación de la autoridad con los medios de comunicación.

Las reglas deben ser explícitas. El derecho del público es saber no sólo cual es la noticia, sino cómo se gesta, se desarrolla y llega hasta él.

MANIPULACIÓN MUTUA

La tentación más grave que puede experimentar el periodista es ejercer control e imprimir orientación noticiosa a los mismos hechos. La publicidad es un ingrediente tan distintivo del éxito, que a menudo los mismos protagonistas le ofrecen la posibilidad de manipularlos. Es tan sensible la relación entre el reportero y la fuente noticiosa, que con frecuencia se confunden. El autor de una información está dispuesto a moldearla con aquellos rasgos que resulten más atractivos para el medio de comunicación. El periodista impone sus horarios, sus preferencias, sus sesgos.

Gracias a mi experiencia como redactor de un diario, sé que el funcionario y el ejecutivo de empresas conocen el lado flaco de la profesión y siempre están dispuestos a fertilizar, con informes confidenciales, pistas remotas y revelaciones, la amistad que poco a poco van desarrollando con el reportero. Por ello, cuando ocupé los cargos de dirección, combatí con todas mis fuerzas la tendencia a monopolizar las fuentes o quedarse en ellas durante periodos tan prolongados que al final no se sabía si el redactor trabajaba para el periódico o abogaba por el funcionario. Una sana rotación, por lo demás, contribuye a diversificar y a introducir plasticidad en el equipo de redactores, a capacitarlos mejor y a descubrir el talento virgen de los principiantes.

Entre estas deformaciones, quizá no haya ninguna más nefasta que la de dirigir la noticia por teléfono y desde la sala de redacción. Del mismo modo en que la deontología periodística se ocupa profusamente de los casos de desinformación y manipulación, no sería ocioso el estudio de las situaciones en donde se produce una suerte de transustanciación de la soberanía: es el periodista el que dicta las condiciones en que puede hacer de una noticia trivial un suceso informativo trascendente.

Yo era director de un noticiero de televisión cuando el entonces presidente Ronald Reagan visitó Costa Rica en 1981. Por razones de seguridad, fue acordada por la policía la ruta por donde había de pasar la caravana en la ciudad de San José. No se permitía al público acercarse a los automóviles. A varios cientos de metros a la redonda del Teatro Nacional, donde se celebrarían los actos protocolarios, no se permitían

cido de víctimas o las dimensiones insignificantes del percance son como un baño de agua fría para los cronistas o los diagramadores. A última hora, la apendicitis del astro del futbol y la falda corta de la luminaria del *rock* son como el alto voltaje de la sala de redacción. La estructura misma de la composición de la noticia, la cual se enseña como el abecé del periodismo en las escuelas de comunicación —una pirámide invertida en la cual los hechos más relevantes y sus protagonistas son reseñados primero, y luego, en grados de interés descendente, se agregan los datos accidentales, subordinados o anecdóticos— es parte de ese conocimiento elemental de la conducta del periodista, compartido de tal manera por el público que cuando un grupo de presión quiere comprometerlo en un esfuerzo informativo, lo primero que hace es mostrarle el suculento manjar de una acción supuestamente delictuosa.

El periodista cae en la trampa. La hipótesis de la inocencia del acusado se transforma entonces en la certeza intuitiva de su culpa. La investigación periodística inspirada por el deseo de desnudar acciones delictivas o descubrir conductas inmorales, plantea la ecuación exactamente al revés. No hay indiciados ni sospechosos. Sólo culpables. Ellos tienen que probar que no lo son.

Cuando los particulares han tenido relación con los periodistas y saben que los seduce la averiguación de los hechos conflictivos, la transgresión a las normas penales y la acción pública o privada al margen de la ética, no cometen jamás el error de advertirles sobre la presunción de la inocencia, ni de aportar información balanceada.

Es en ese momento cuando el periodista tiene que hacer uso de sus cualidades primarias: olfato, serenidad, sagacidad, con el fin de despojar la información de todo prurito sensacionalista y tratar de alojarla dentro de un contexto más amplio, culturalmente más certero, filosóficamente más profundo.

Por supuesto, el drama de la vida cotidiana es materia prima noticiosa. El hampa en las calles, la redada de narcotraficantes, el crimen pasional en la intimidad, la masacre colectiva del veterano de guerra psicópata constituyen temas que el periodismo diario no puede ocultar, porque sería como tratar de ocultar la violencia de los males sociales mediante otra clase de violencia específica: la de la autocensura. La guerra, la revolución, el desafío de la dictadura y los afanes de reinvidicación de libertades públicas están en la base misma y la razón de ser de un periodismo atento que debe hacerse eco de las transformaciones sociales y políticas, o los estremecimientos individuales y privados de quienes los protagonizan. Si el senador Gary Hart desafía a los periodistas para que investiguen su vida privada, nadie puede culparlos si lo desenmascaran al día siguiente como un político de moral ambivalente. Pero los periodistas de televisión que acudieron al incendio del barrio negro Watts, en Los Angeles, porque la

buenas intenciones e higiene moral en todos ellos, pero tampoco, por principio y *ad portas*, los debe calificar y clasificar como contrarios al interés público.

Nuestro modelo social de interacción es un tejido de conductas que procuran no sólo el interés propio y egoísta, en contraposición con conductas de alcance más altruista que las neutralizan o armonizan. El periodista profesional se enfrentará siempre al dilema de si hace bien o hace mal cuando responde al llamado de una persona o un grupo que trata de interesarlo en una noticia y es evidente que su publicación le acarreará algún beneficio, aunque sea solamente una propaganda gratuita. Pero no siempre su actitud ante esa disyuntiva debe ser la desconfianza o el prejuicio que le impidan advertir la presencia de un buen asunto periodístico. En el ejercicio profesional honesto, la suspicacia es buena consejera, pero no es sano aferrarse a un escepticismo crónico y enfermizo en donde todo es penumbra y nada es iluminación.

Una manera muy segura de hacerse cómplice ciego de los grupos de interés especial, es apresurarse a publicar una versión no confirmada de un hecho o detenerse en la investigación cuando comienzan a surgir circunstancias que lo contradicen. Tomar nota de una sugerencia o de un indicio para tirar del hilo y deshacer la madeja, no es aliarse maliciosamente con la fuente de información del periodista, ni un acto de conspiración con los objetivos innobles del informante.

De igual manera, una forma lúcida de abrazar la independencia es el celo para que el órgano informativo escoja sus propios temas y no se deje guiar por los estímulos y las reacciones que vienen de afuera.

Esto se conoce como soberanía editorial y noticiosa. El medio informativo debe tener su propia agenda de asuntos que merecen prioridad. Tiene que ser muy contumaz el jefe de redacción o el director que rechaza la propuesta de investigación de un reportero.

LA HIPNOSIS DE LA NOVEDAD Y EL CONFLICTO

Pero aquí conviene hacer una advertencia. Una de las principales deformaciones del periodista —y, por lo demás, la crítica más frecuente del público a los medios de comunicación— es que padecen de una suerte de hipnosis por la novedad y el conflicto. Para muchos periodistas, por definición, la materia noticiosa es sólo aquella en la que la sociedad se estrangula o la mujer tiene un parto de trillizos. La catástrofe, la epidemia, la ruptura del orden establecido ejercen una seducción misteriosa sobre el reportero. Nada parece capturar con más fuerza la imaginación del periodista que la crisis, el crimen y el accidente espectacular. El número redu-

EL COMPROMISO BIOLÓGICO

El hecho de que el periódico fundado en 1946 para combatir el comunismo opinara, en un editorial, en favor de legalizarlo, puede haber ayudado a que los diputados de entonces decidieran aprobar la enmienda constitucional. Hasta qué punto esa esclarecida votación le evitó a Costa Rica transitar la senda sangrienta de algunos de sus vecinos centroamericanos, es una cuestión que no corresponde analizar en este libro. Pero el ejemplo ilustra la afirmación de que los grupos de interés no están biológicamente comprometidos con la defensa de lo que se considera su inmediata conveniencia, por encima del bienestar de la comunidad o de una nación. Pueden cambiar. En el caso de La Nación, la reacción defensiva que llevé a los constituyentes de 1949 a ponerle al Partido Comunista una compuerta legal había cedido su paso a una más ilustrada concepción de la importancia del pluralismo ideológico y la libre concurrencia política.

Podría citar muchos casos en los que La Nación hizo gala de la misma responsabilidad como medio informativo que lo movió a respaldar, en 1948, a las fuerzas insurgentes de José Figueres, para después combatirlo tan pronto como llegó al poder en ese año y en las dos oportunidades siguientes en las que ocupó la jefatura de Estado.

EN EL SÉPTIMO CÍRCULO

"En sus posiciones críticas, los periodistas se encuentran a menudo utilizados como amortiguadores o blancos de los grupos de influencia que tienen intereses creados muy fuertes en la determinación del rumbo que puede tomar el proceso de toma de decisiones en asuntos públicos", dicen John C. Merrill y Ralph D. Barney en su libro *The ethics and the press*.[1] Y agregan: "Estos intereses creados van desde el gobierno... que quiere perpetuarse a sí mismo, hasta los grupos de intereses especiales creados para influir en la opinión pública e inclinar el voto de los legisladores en favor de medidas especiales".

Esto es cierto. Pero no lo es concluir de ahí, como lo hacen los distinguidos profesores Merrill y Barney, este cuasi axioma: "Virtualmente, todas las presiones que un periodista recibe tienen el propósito de persuadirlo para que tome partido en favor de intereses creados estrechos".

Al estudiar las ramificaciones, nexos y parentescos del grupo de interés especial que funda un periódico, con otros núcleos de poder existentes en la sociedad, el periodista no puede vendarse los ojos y creer que hay

---

[1] John C. Merril y Ralph D. Barney, *Ethics and the Press*, Hasting House Publishers, Nueva York, 1978, pág. IX.

reprimir la libertad para unos pocos, sin peligro de abrogarla para todos. Si los comunistas estaban dispuestos a aceptar las reglas del sistema democrático y trabajar con ellas, había que darles oportunidad de que lo demostraran. Mantenerlos fuera de la ley podía cerrar todas sus válvulas de escape y dar origen a movimientos subversivos o de desestabilización. Si en 1949 prohibimos el ejército, en 1975 deberíamos legalizar a los comunistas. Enrique Benavídes compartía conmigo la responsabilidad de las páginas de opinión de *La Nación* y, juntos, decidimos redactar un borrador. Había dos caminos: publicarlo y sortear después la tormenta, o llevarlo a la junta directiva y hacer partícipes a los dueños de un golpe de timón tan fuerte como el que pretendíamos dar. Si el periódico hubiera sido mío, no habría vacilado en ponerle el *imprimatur* al comentario. Pero yo estaba plenamente consciente de que éste era uno de los momentos en los cuales el mandato que se me había confiado como director llegaba a su límite. Decidí llevar el asunto a la junta directiva, se debatió exhaustivamente y los delegados de los accionistas me dieron su respaldo.

Cuento esta historia porque me parece que ejemplifica el tipo de relaciones ideales entre el periodista profesional y los propietarios de los medios de comunicación. *La Nación* no era mía, pero tampoco me había contratado para realizar, como un autómata, una línea editorial e informativa. Siempre creía que en un clima de sana y adulta discusión, yo podía influir en la actualización o remozamiento de ese marco de acción.

Lo mismo les digo a los reporteros jóvenes que ven en sus jefes de redacción, editores y correctores de estilo la representación de una autoridad mecánicamente inflexible y represiva. La sala de redacción no es un cuartel en donde el sargento manda y el recluta obedece. Un elevado nivel de confianza y buena voluntad tiene que presidir las decisiones. El sello final está, desde luego, en manos del jefe de turno, ni siquiera del director, que muchas veces no interviene en el proceso de toma de decisiones. Una buena porción del contenido y una considerable cuota del estilo de la publicación surgen de los reporteros mismos y de la interacción de éstos con sus superiores inmediatos. La irrevocabilidad de la letra impresa convierte a este ejercicio en una prueba constante de la sincronización del equipo. En esa fragua y en ese yunque se van forjando, diariamente, el carácter y la fibra de la publicación. Cuando se trasmite el noticiario o el periódico sale de la dobladora, llega el momento de enderezar los entuertos y corregir, para la próxima, lo que ya es un hecho consumado. El *fait accomplis* de un producto diario recoge todos los aciertos y todos los defectos. Consolidar y depurar aquéllos y enmendar éstos es lo que va dando al medio de comunicación silueta propia.

tores o editores, siguen de cerca la forma en que el periodista desempeña su cometido y si el medio de comunicación no tiene obligaciones sectarias ni depende para su existencia de subsidios estatales, están listos para beneficiarse de una relación que puede ser mutuamente enriquecedora. Es decir, están listos para absorber del periodista lo que su talento, imaginación y honradez estén dispuestos a darles.

Puedo afirmar que los 12 años que pasé en *La Nación* me enseñaron claramente la importancia de definir las reglas del juego y que la recíproca educación del director y los propietarios, al principio caracterizada por discrepancias y reproches, llegó a estar basado en una serie de pequeños automatismos: el director sabía cuándo les apretaba el zapato a los empresarios, y éstos sabían cuáles decisiones, en materia editorial, no se podían llevar a cabo si no se les sometía a una discusión lúcida, racional y madura.

LA PRUEBA DE LOS LÍMITES

Esa es la razón por la cual el periodista puede, al final del periodo de adaptación o ajuste a los criterios de la empresa, decidir si vale la pena seguir adelante o no. En mi caso, ocurrió a los siete años, en 1975, cuando creí llegado el momento de apoyar la derogatoria de un artículo de la Constitución Política, el 98, que proscribía al Partido Comunista.

Yo sabía que el verdadero origen de *La Nación* no había sido organizar un próspero negocio, sino invertir en una causa de dimensiones y contornos éticos: el combate frontal y tenaz del comunismo. Como fuerza política que gravitaba sobre la vida nacional, el Partido Comunista era responsable, en parte, de una gran reforma social emprendida entre 1940 y 1944 por el presidente Rafael Ángel Calderón Guardia, al cual se había aliado para ese y otros fines. Sin embargo, también compartía la paternidad de actos represivos contra los derechos humanos y la libertad de sufragio.

Aquel grupo de profesionales, banqueros y empresarios fundó *La Nación* como una alternativa no partidista, pero resueltamente contraria a la expansión y hegemonía del comunismo y como un dique para las pretensiones del movimiento político con el cual se había confabulado para eclipsar la libertad electoral. Era el año de 1946 y Yalta había dividido ya el mundo en dos bloques ideológicos de dominio. Pero 30 años no transcurrieron en vano. En 1975, las heridas de la guerra civil de 1948 comenzaban a restañarse y aunque el mundo vivía el apogeo de la guerra fría, yo sentía que los costarricenses estábamos listos para derogar la disposición constitucional que había enviado al Partido Comunista a la clandestinidad. Mi argumento no sólo era de orden político —es mejor saber cuántos son y qué hacen—, sino de carácter filosófico. Una sociedad libre no podía

El medio de comunicación puede ser conciliador, árbitro, desinteresado, pero no indiferente ni olímpico. Neutralidad es una manera distinta de objetividad. Sin perder ni desdeñar ésta, es posible hacer un periodismo honesto que esté en función de los ideales y la concepción de la organización social y productiva de un conglomerado humano, según los interpreten sus propietarios y los periodistas que escojan para realizarlos.

El periodista profesional se diferencia del mercenario en que no vende sus servicios al mejor postor ni acepta, sin discutirlas, directivas e instrucciones. Precisamente es profesional porque la experiencia directa o el aula universitaria le han dado una visión más amplia del hombre, de la humanidad y de sí mismo y porque sabe que en la forja de ese destino él también tiene algo que decir y hacer.

Aunque ninguno de los evangelistas conoció a Cristo ni vivió los hechos en que se basa su sagrado relato, hay una coincidencia fundamental en sus versiones. Sin embargo, el Nuevo Testamento las coloca una al lado de la otra, es porque el énfasis y el contraste confirman que la verdad es única, pero sus aproximaciones diversas.

LOS PARÁMETROS Y EL CONTEXTO

Al elegir el medio de comunicación que lo contrata, el periodista profesional sabe que sus propietarios tienen un marco de referencia, explícito o implícito, que debe aceptar y compartir. En el ejercicio diario de su tarea de informar, comentar e interpretar, el periodista profesional va explorando los conceptos o postulados de ese marco de referencia que no estuvieron totalmente definidos o cuya frontera fue ambigua, oscura o imprecisa. Es posible que en ese empeño llegue a la conclusión de que el marco de referencia ideológico era muy estrecho o que el suyo no coincide ahora, ni puede llegar a coincidir jamás, con el de la empresa que lo llamó a prestar servicios. Tarde o temprano se producirá la separación. Ya sea que el periodista renuncie, o que los empresarios le pidan que se vaya.

Nadie, que yo sepa, ha hecho un recuento de la cifra y fama de los medios de comunicación cuya génesis esté asociada con el desmembramiento de periodistas de una empresa, cuya línea de pensamiento o de conducta sufrió una bifurcación en determinado momento. Pero deben ser muchos, y en todo caso no pocos, los que se constituyeron originalmente como periódicos de periodistas, esto es, gestados al calor de la rabiosa independencia de sus fundadores.

El proceso mediante el cual el periodista prueba los límites de acción a que le sujeta el medio de comunicación y los espacios que es posible abrir en los casos en que no sean tan amplios, tiene su contraparte. La empresa hace lo mismo. Sus representantes, llámense accionistas, gerentes, direc-

2
Manipulación del medio informativo por los grupos de presión

EL NÚCLEO Y SUS RAMIFICACIONES

Aun si pudiera encontrarse en el pajar de las actividades humanas la solitarias y diminuta aguja de un medio de comunicación fundado con el objeto exclusivo de la rentabilidad del capital, sería fácil advertir cómo la influencia del poder de sus microsomas llegaría a persuadir a su dueño de emplearlo para promover una ideología, una causa o, al menos, un ideario. Hace mucho tiempo dejé de argüir, en foros, conferencias y seminarios, que en la realidad cotidiana se diera el fenómeno de los medios informativos —periódicos, revistas o radio y televisión— que surgían a la vida pública con intenciones desinteresadas.

En el debate con los sociólogos de la comunicación y los politicólogos del periodismo, escogía, de unos años a la fecha, la posición más realista de no negar, sino más bien enorgullecerme, de haber sido escritor de noticias en medios de divulgación cuyo *parti pris* compartía. Aceptar el sesgo como algo natural y corriente, no escandalizarse por la adhesión a un marco de referencia doctrinario, ni sentir escrúpulos ante la solidaridad con principios de convivencia y gobierno, hace menos utópica y más conflictiva la actividad del periodista. Lejos de macular la nobleza de su profesión, la coloca en su verdadera perspectiva individual y social.

Por definición, el medio informativo es el instrumento del que se vale una persona, una familia o un grupo de interés para convencer a otros de que su visión del hombre, la vida en sociedad o los vínculos entre las naciones, es no sólo la correcta, sino digna de una cruzada.

Por ello, creo que nada se avanzaría en el análisis de las cuestiones éticas del periodismo si no se admite, desde el principio, que un diario, una estación de radio o de televisión pueden ser neutrales, pero nunca neutros.

se, enmendar el yerro y ofrecer una reparación.

El juez tiene un plazo, pero puede solicitar una prórroga. El periodista tiene la inexorabilidad de la hora del cierre y podría pedir un aplazamiento, pero la actualidad se le escurre entre los dedos como un puñado de arena. El factor de la divulgación de la noticia hace que, por un lado, el balance entre la necesidad y la urgencia de informar y, por otro, el efecto sobre la reputación de una persona, sean tan delicados en el caso del periodista como en el del juez. Por ello, toda la simetría que pueda establecerse entre el juicio y el reportaje, desde el punto de vista de oportunidades de defensa para el acusado, de frenos para el exceso inquisidor y de contrapesos para el poder apabullante de las noticias, es poca si se quiere caminar por el justo medio en la obligación de desnudar el entuerto y el imperativo de no dejar indefenso al indiciado.

CON EL MISMO RASERO

Por último, la equidad informativa influye tanto en el prestigio y la solidez de los medios informativos como todos los elementos descritos. Si un diario o un noticiario emprenden una tarea de investigación, deben continuarla y extenderla por igual a otros aspectos de la vida de un país o a otros sectores de la sociedad. Éste no es un esfuerzo aislado o un golpe en el vacío. El contexto del periodismo moderno es la sensibilidad para recoger estímulos de todas las procedencias y con todos los matices ideológicos, comerciales, personales y políticos. Por lo regular, el medio informativo con aspiraciones a servir de agente para la restauración moral, verá reforzada su tesitura si, en la relación de los casos por investigar, actúa con objetividad y distancia con respecto a sí mismo y los intereses o sectores en los cuales está inmerso. La prueba se da a menudo en los grandes diarios, pero también en los pequeños y se da respecto a los intereses ajenos a la publicación, pero también en casa. Gay Talesse narra, en *El reino y el poder*, cómo el jefe de publicidad protestó por un editorial de *The New York Times*, en el cual se ponía reparos a la ejecución de un proyecto urbanístico que se anunciaba a páginas enteras en el diario. Ni los reportajes dejaron de salir ni el editorial fue modificado.

La alternativa para el periodista acucioso y honesto no puede ser detenerse en un solo plano de los hechos investigados para utilizarlo y producir un solo impacto, y sabe muy bien que si no tiene a mano una criba escrupulosa puede causar una indigestión al lector y perder la consistencia del objeto investigado.

El periodista investigador sabe que debe mantener en estricto balance todos los ingredientes. Al final, este nuevo tipo de periodismo desemboca en una preferencia o un juicio de valor. Pero como el científico que no desdeña hechos probatorios a menos que pasen por el cernidor empírico o racional, el periodista debe descomponer su trabajo informativo en tantas unidades como fichas de ajedrez pueda controlar y utilizar, en tantas jugadas como su experiencia e intuición le permitan. En cada una de esas unidades debe haber un balance mínimo y todas ellas, en conjunto, deben concatenarse para sacar una conclusión. La pericia de este ejercicio pone a prueba a los mejores periodistas. El *fairness* es aquí el resultado de la objetividad con que se escojan los materiales sobre los cuales se asienta la investigación y el depurador con que se separe el grano de la paja.

EL *DEBIDO PROCESO* PERIODÍSTICO

El diario y el noticiero de radio y televisión no son un tribunal de justicia, ni la búsqueda de la verdad periodística tiene los visos de la indagación de la verdad judicial. Sin embargo, sus consecuencias en la vida de las personas o las sociedades no son menos importantes. Es por ello que resulta tan importante establecer una severa distinción entre rumor, especulación, indicios y pruebas en materia de investigaciones periodísticas, como en materia procesal.

El periodista debe iniciar la investigación como el juez pone el *auto cabeza de proceso*, esto es, con la premisa de que el encartado es inocente mientras no se le pruebe lo contrario. La presunción de la inocencia, como en los crímenes más negros y aborrecibles, es mejor hilo conductor de una pesquisa periodística, que la certeza de que se ha cometido una iniquidad y de que sólo hace falta probarla.

Sin embargo, con frecuencia ocurre lo contrario. En materia periodística, el impulso procesal de oficio se da en perjuicio del sujeto de la investigación. Pero no tiene en su favor los recursos, las instancias y los mecanismos de defensa que se dan ante los estrados de justicia.

En la pesquisa periodística hay fiscal, pero no defensor. En la investigación periodística no hay reglas de equilibrio procesal, apelación o revisión. Los dispositivos de defensa están al arbitrio del reportero, siendo como son las sanciones igualmente punitivas. La cosa juzgada es la publicación, aun cuando después el periodista o el periódico quieran retractar-

periodistas más conscientes del deber y la responsabilidad que asumen en la salvaguarda de ciertas normas éticas que sostienen, como pilares básicos, la estructura del medio de comunicación en una sociedad democrática. Si no puede pagar un *ombudsman*, o no quiere el problema de la cuña en su propio palo, el medio informativo puede convocar a un grupo de ciudadanos imparciales y muy reputados para cumplir ese propósito. O si lo prefiere, aceptará una ley de derecho de réplica para dirimir esos conflictos. Pero una ley de derecho de réplica puede convertirse en una fuente de querellas, en vez de un instrumento de conciliación. En la medida en que el medio de comunicación se someta a una disciplina escrupulosa en esta materia, hace menos necesaria la ley. Hay países en donde esas leyes ejercen cierto grado de coerción contra la prensa. Los periodistas guatemaltecos se quejan del abuso en que incurren ciertos funcionarios y de las zonas de penumbra que surgen en la interpretación de la ley vigente en su país. En Costa Rica, los medios de comunicación rechazaron enérgicamente un proyecto de ley para establecer el derecho de réplica a principios de 1970, pero los obligó a ser más cuidadosos en la aplicación del equilibrio informativo y en abrir espacios para la rectificación de errores. Cuando la ratificación de la Convención Americana sobre los Derechos Humanos incorporó al derecho positivo costarricense una garantía en ese sentido, la prensa no protestó ni hizo el menor comentario: la aceptó como cosa juzgada y siguió actuando como lo había hecho en los últimos dos decenios.

INVESTIGACIÓN PERIODÍSTICA, PROCESO JUDICIAL

La información tradicional basada en la respuesta a las cinco preguntas clásicas de quién, qué, dónde, cuándo y por qué (traducción de las cinco uves dobles: *who, what, where, when, why*) presenta, sin duda, menos dificultades para mantener el equilibrio informativo que el llamado nuevo periodismo. Definido éste como la corriente del periodismo de investigación, interpretación y análisis, es comprensible que sea más directivo y editorial que la simple crónica del acontecer diario. No sólo el periodista se resiste a ser un cartulario de la realidad, sin sumergirse en ella ni tomar partido, como si estuviera de visita en un país que no es el suyo o ante problemas que les son ajenos. Así mismo, el periódico ya no se resigna a ser una colección de datos o un monitor de hechos concretos. Pero ¡cuidado!, el periodista sabe que cuando se pregunta no sólo qué ocurrió, sino cuáles son las causas, las ramificaciones y las posibles repercusiones de lo que sucedió, la trama de los elementos con que debe trabajar y el contraste entre distintos aspectos de la realidad puede perderse en el infinito y, en vez de claridad, producir confusión.

- Recurrir al corrector de estilo o al jefe de redacción en caso de duda.
- Tener a mano el ejemplo del título de la información que se relacione con otra que se publicó anteriormente, de manera que haya cierto balance en la presentación de la nota más reciente.
- De ser posible, redactar los títulos en presente de indicativo (con lo cual se conserva, de paso, la frescura de la noticia durante todo el día de la publicación del diario, y quizá un poco más), y seguir el orden lógico de la oración.
- Usar tipografía de mayúsculas y minúsculas, no sólo de las primeras.
- Ser muy riguroso en el empleo de las abreviaturas y siglas, a menudo es un recurso demasiado fácil para sintetizar un mensaje, pero que hace denso, en vez de transparente, el significado.
- Utilizar los antetítulos, epígrafes o subtítulos para aclarar o balancear un concepto.
- Cuando el dilema de la equidad se torna agudo, usar títulos compuestos, como en el ejemplo de este mismo capítulo.
- Restringir el uso de citas textuales, entre comillas, a casos de verdadera excepción. Cuando se hace una cita directa, es mayor el peligro de sacar de contexto una frase.

AUTORREGULACIÓN O IMPOSICIÓN LEGAL

Los medios informativos tienden cada vez más a tener secciones en las que de rutina se abre campo a la réplica, tanto directa como indirecta, o para estimular la identificación del público y crear un sentido de pertenencia. Pero no se queda ahí el interés de reivindicar la confianza y el crédito de sus lectores o de su público.

Algunos llegan a tener, en residencia, un procurador u *ombudsman* con el fin de que abogue, dentro de la organización noticiosa misma, por los derechos de los que se sienten lesionados por una información o un comentario. A menudo, la práctica del *ombudsman* choca con las jerarquías establecidas; el director o jefe de redacción rechaza de plano la idea de que alguien husmee en la sala y exija respuestas a las preguntas de cómo y por qué se tomaron ciertas decisiones, o presione para que se corrijan y reparen los errores. En ciertas ocasiones, el procurador *procura* demasiado y crea, en vez de resolver, problemas a la redacción. Cuando el *ombudsman* cuenta con una columna semanal para recibir la correspondencia de los quejosos o exhibir públicamente los errores, no es extraño que se sumerja en un debate con sus propios compañeros del periódico. Sin embargo, una organización noticiosa madura puede sobrevivir estas querellas y lograr plenamente el propósito de la procuraduría: hacer a los

ACTUALIZACIÓN COMO PRÁCTICA DEL EQUILIBRIO

Algunas publicaciones disponen de ciertos periodos para reflexionar o recapitular acerca de algunas noticias que en cierto momento recibieron gran atención y que de pronto dejaron de interesar o se apagaron como objeto de sensación. ¿Cuál fue el curso de denuncias, investigaciones, trámites legislativos que perdieron el aura de grandes eventos y se subsumieron en la rutina o en el anonimato? Algunos de estos cierres o epílogos pasan a formar parte del folclor de lo curioso. Sin embargo, cuando la sentencia del tribunal de justicia absolvió a alguien, o cuando el reo de un crimen obtuvo una libertad bajo fianza, el público tiene derecho a saber cómo concluyó el ciclo de aquel particular proceso informativo en el que el diario, o la televisión, invirtieron tanto espacio, tanto esfuerzo y tanto galillo.

MENTIR CON LOS TÍTULOS

En ninguna parte de la prensa es más delicada la doctrina del *fairness* informativo que en materia de títulos y fotografías. La manipulación de los títulos es la queja más frecuente y amarga de los lectores desilusionados y quizá el contribuyente más notorio de la falta de crédito de los medios de comunicación. De igual manera como a la televisión se le critica la síntesis del reportero que se superpone a las declaraciones mismas de la persona entrevistada, en el caso de la prensa escrita se ha comprobado que los títulos y las fotografías son los aspectos que suscitan mayor controversia. Los títulos y las fotografías tal vez sean la única parte del mensaje informativo escrito que llega a su destino. Las limitaciones de espacio, tipografía y diseño no siempre gravitan tanto sobre la selección de las palabras y los conceptos, como los prejuicios del periodista y los sesgos del periódico. Todo ello combinado, refuerza el cuadro de agudos síntomas de esta dolencia generalizada del periodismo moderno. Por otra parte, el deseo de llamar la atención o de ser innovador e imaginativo, a menudo coloca serias trampas en el sendero del *fairness* periodístico. A continuación, presentamos algunas reglas o consejos para quien hace los títulos o los revisa:

- Consultar con el redactor de la información, con la persona que tiene en la cabeza todos los datos y puede auxiliar al editor en la tarea de escoger la mejor cápsula.
- Leer dos veces el título y la información y pedir aclaraciones si hay párrafos oscuros o incompletos.

de fidelidad del televidente es todavía más precario o débil que el del lector de periódico, y la evaporación de sus mensajes aún mayor, como para no proceder con equilibrio de manera oportuna. El periodista que prepara la nota debe considerar la lesión irreparable que puede causar a una persona o una institución el que se le impute una conducta irregular, dolosa o delictiva hoy, y se le pida un comentario mañana. Si el *dead line* u hora del cierre estrangula la posibilidad de incluir su reacción con voz e imágen, lo menos por lo que se podría transar es que el locutor lo haga, en *off*, mientras se le busca para la siguiente jornada noticiosa.

PROPORCIONALIDAD DEL MEDIO EMPLEADO

La aparición de una respuesta, aclaración o reacción en el periódico o espacio noticioso siguiente no puede ser librada a la improvisación, a la sola exigencia del campo disponible o a la jerarquía de los hechos relevantes de esa jornada. Tanto los periódicos como los noticieros de radio y televisión ordenan su material de acuerdo con el factor del interés creciente u hora *pico* de su clientela, y este conocimiento se intuye o se comprueba por medio de encuestas o estudios de hábito de lectura y de sintonía. Dar al aludido no sólo el mismo tiempo o número de palabras, sino una ubicación en la jerarquía noticiosa igual o equivalente al de los hechos más notorios del día, es una buena práctica de equilibrio. Si el noticiario de televisión alcanza su mayor audiencia a cierta hora de la noche, y a esa hora se trasmitió la noticia que se quiere rebatir, no hay excusa para que aparezca al principio o al final, cuando el público es menor o su composición es diferente.

Si bien los medios electrónicos se prestan menos que los escritos para los espacios de comentarios o de cartas al editor, cada vez es más frecuente la costumbre de invitar a los televidentes o radioescuchas a dirigirse a la estación para dar a conocer sus puntos de vista. En los Estados Unidos de América existen programas de televisión que siguen un formato de revista, como *60 minutes* y *West 57th Street*, los cuales agregan al final una síntesis o un balance de la correspondencia recibida. Éste es el equivalente de las secciones de *cartas, tribuna*, etc., de la prensa escrita, y contribuye a disipar la impresión del público acerca de la arrogancia y pretensión de infalibilidad de los medios de comunicación social.

fensión a una persona aludida. Si ésta prefiere no hacer comentarios, el recto sentido de la ética aconseja consignarlo así, pero de tal manera que no se dé la impresión de que su silencio implica la aceptación de los cargos.

Por ejemplo, veamos cómo el periodista puede valerse de la necesidad de una persona de obtener consejo forense antes de dar una declaración, con lo cual agrava aún más el predicado en que lo dejó su información:

> El señor "XXX" se negó a hacer comentarios cuando se le preguntó su reacción a las declaraciones del Fiscal General de la Nación en el sentido de que pediría que se le acusara por malversación de fondos públicos.

Más justo sería escribir:

> El señor "XXX", a una consulta de este periódico, dijo que por el momento no haría comentarios en espera de conocer en su totalidad las declaraciones del Fiscal y de asesorarse con sus abogados.

CUANDO EL FONDO SE CONVIERTE EN FORMA

La mejor presentación, diagramación o tipografía no están, necesariamente, divorciadas de un contenido que exprese la objetividad del medio periodístico impreso. Por ejemplo, algunos periódicos prefieren combinar un título o una cabeza de noticia, aunque esa práctica atente contra los principios estéticos. Es mucho más riesgoso escoger una de las dos versiones posibles de una noticia, si se trata de proteger la reputación de un inocente o si no se tienen todos los elementos de juicio para saber si una acusación tiene o no fundamento. Y lo que se predica para mantener un trato equilibrado respecto de las personas o las instituciones, puede decirse también en cuanto a incorporar varios elementos de una información en un solo título.

> Derriban por error avión comercial;
> 179 víctimas por falla de radares;
> Departamento de Defensa: Excusas.

En efecto, son muchas ideas para un solo título, pero sin duda que el periódico trazó, con estas tres pinceladas, los componentes básicos de la información.

Los periodistas de la televisión a menudo se amparan en la velocidad y la inminencia de la hora del cierre y dejan las reacciones o las réplicas para el día siguiente, si acaso se interesan en ellas. Sin embargo, el grado

Este último párrafo ya se había incluido en la información anterior, pero seguirá apareciendo cuantas veces se haga referencia a este accidente en el periódico, debido a que siempre habrá lectores que no saben o no recuerdan cómo ocurrió el percance.

De igual manera, el comentario, la réplica, o la defensa de un imputado, deberán incorporarse a la información cuantas veces aparezca impresa. De lo contrario, la sola reiteración de los elementos acusatorios fácilmente creará en la mente del lector una noción de culpabilidad que incluso podría no borrar la absolución judicial.

EL DERECHO DE DEFENSA

Si no son siempre los mismos lectores, o si siéndolos no todos desarrollan el mismo grado de interés por las mismas noticias, la persona o institución aludida en un informe tiene derecho a que sus comentarios aparezcan en él, de manera prominente y con la misma extensión con que se consignan los cargos o las alusiones negativas. Si no se puede hacer en la *entrada* misma de la información, de manera combinada con la afirmación original, deben aparecer en el segundo párrafo o en el tercero.

El ideal sería, por ejemplo:

Pese a las protestas del funcionario, que calificó la acción como un caso típico de persecución política, el Fiscal General de la Nación pidió ayer a un juez que se instruyeran cargos contra "XXX" por presunta malversación de fondos públicos.

Pero también podría ser así:

El Fiscal General de la Nación pidió ayer a un juez que se instruyeran cargos contra "XXX" por presunta malversación de fondos públicos. "Es un caso típico de persecución política", comentó el funcionario al ser interrogado sobre esa decisión.

Si no existe el riesgo de perder la exclusividad, es preferible esperar hasta el día siguiente para obtener esa respuesta o reacción del implicado. En todo caso, si la persona aludida no responde, si no se le puede localizar o si se le dio tiempo para preparar un comentario y no lo hizo, el redactor debe consignarlo en la información. Si no se puede atrasar su publicación, por la premura o la importancia de la noticia, debe otorgársele a la reacción, cuando se produzca, el primer lugar en la pirámide de la noticia. Pueden surgir durante ese día otros elementos igual de sobresalientes, pero debe prevalecer la consideración moral de no crear estados de inde-

1
Doctrina y práctica de la equidad informativa

**FIDELIDAD Y GRADO
DE CONCENTRACIÓN
DEL PÚBLICO**

Los periodistas somos gente ingenua, o excesivamente pretensiosa. Creemos que ese ente anónimo llamado lector o público es fiel a nuestros hábitos, se adhiere a nuestras preferencias y nos sigue con devota concentración en forma cotidiana. Pero la verdad *real* es que mantenemos una relación frágil, elusiva y espumante. Los lectores de hoy no son los mismos de mañana. La noticia debe tener antecedentes que amparen y apoyen el esfuerzo de comprensión. Si se escribe más de una vez acerca de un tema, deben repetirse, condensados, ciertos componentes básicos de la información, a menos que no importe que el lector abandone la lectura porque no entiende o no le interesa. Nunca hay que suponer que el lector sabe, recuerda o se grabará para siempre lo que se dijo ayer, hace una semana o un año. Pero dicha reiteración del tema debe ceñirse a los mismos principios de equidad que se aplican a la información como un todo, de acuerdo con la descripción que se hace de ellos en los siguientes párrafos.

> A siete personas se elevó el número de víctimas del accidente ferroviario ocurrido durante el fin de semana pasada a dos kilómetros de la estación central de "XXX". Dos de los que ingresaron ayer al hospital en estado crítico murieron en la madrugada de ayer: "XXX" de 49 años y su hijo "XXX" de 8.
> El accidente se produjo cuando un autobús no respetó la señal de alto y aceleró en vez de detenerse cuando se aproximaba un tren de pasajeros que venía de "XXX".

resulta sencillo presentar una serie de estos problemas. Pero no se trata de presentarlos como casos de laboratorio, ni como la especificidad de la colisión de intereses, aspiraciones y normas éticas en cada medio informativo y en cada país centroamericano. También es necesario encontrar las raíces de los problemas y la justificación de los razonamientos.

Sin duda, cada uno de esos procesos se remite a un sistema de valores particular y válido, difícil de generalizar y sistematizar. Sin embargo, de nada servirían los ejemplos si no se intenta derivar de ellos una enseñanza. Los periodistas nos mostramos reacios a aceptar y a ejercer la doctrina de la equidad informativa, debido a que nos obliga a ponderar de mejor manera los elementos con los que contamos y, si son insuficientes, a buscar otros. Los periodistas incurrimos en una negación cuando tratamos de ignorar el tejido de intereses que rodea al medio de comunicación. Al abstraernos, pretendemos hacer desaparecer esas incómodas y doblegantes influencias. Nos resulta antipático el anuncio comercial, aunque ¡cuántas veces lo mimetizamos como si fuera información genuina! Nos preocupa sobremanera la intervención de los administradores o los propietarios en los asuntos de la sala de redacción, pero se nos dificulta decir que no a un viaje a Taiwán. Nos apresuramos a prometer el anonimato del informante con el fin de hacerlo hablar, pero nos incomoda que nos consideren responsables de la información lograda por ese medio. La arrogancia y el engreimiento nos ciegan: creemos que nos agasajan porque somos importantes, pero muy pronto nos damos cuenta de que los halagos buscan publicidad y ésta es una proyección del poder. Publicamos lo que no debemos y no publicamos lo que debemos. Formamos parte del sistema de poderes informales con el que la sociedad trata de defenderse de los poderes formales, pero como grupo de presión y en alianza con los propietarios, pocas veces delimitamos la frontera entre nuestra conveniencia y el interés nacional.

En *Agonía a la hora del cierre*, abordaremos todos estos aspectos. El lenguaje que empleamos carece de eufemismos y la confrontación puede resultar, en ocasiones, brutal e intolerable. Pero el autor es un periodista que habla a sus colegas con amistad, comprensión y afecto, sin la amargura ni el rencor de quienes, si tuvieran el poder, posiblemente nos harían desaparecer del mapa.

Si el estudiante de periodismo aprende algo de este libro, o si el reportero experimentado recuerda una situación vivida, su misión estará cumplida. Sólo nos resta decir que éste es el producto de experiencias compartidas a lo largo de cuatro décadas de ejercicio de una profesión en la cual el goce es grande, la ganancia poca y el orgullo, inmenso.

está lista la información de la cual se había hablado en la reunión coordinadora de las cuatro de la tarde. El director no lo dice, pero ha recibido, a su vez, la llamada de un miembro de la administración de la empresa, quizá el accionista mayoritario. Si la noticia no es muy importante, ¿podría pensarse en una postergación? ¿Y que tal si se la leen por teléfono? El periodista ya lo había pensado. En su primer intento por hablar con el funcionario aludido en la denuncia por inmoralidad, alguien —la secretaria, quizá— mencionó la posibilidad de que lo atendiera el gerente de mercadotecnia. Después de todo, la pauta de publicidad de la institución cuestionada deja millones en las arcas del periódico o del noticiario. ¿Tendrá el anunciante tanto poder como para enervar el proceso de autoridad en la sala de redacción? "Déjeme la nota aquí, yo resuelvo. Váyase tranquilo. Buenas noches". Con estas palabras, el jefe intenta apaciguar al reportero, pero éste se marcha haciendo cábalas. Desilusionado, piensa que su información no se publicará o que, como en el caso de las corridas de novillos, se le afeitarán los pitones para que no haga daño. El jefe de redacción y el director vuelven a comunicarse por teléfono. Son las diez de la noche. A esa hora ya ha pasado la agonía de la hora del cierre. La nota tendrá que esperar a mañana. Ambos harán vigilia para pensar cómo se defenderán de la presión de los propietarios. Y, tal vez éstos, tendrán la pesadilla de que, si se publica la información, la institución denunciada hará un boicot publicitario a la empresa.

La situación puede ser ficticia, pero con infinitos matices, nombres y sesgos, corresponde a una realidad cotidiana en la sala de redacción de un diario, una revista, un noticiario de televisión o radio. La frecuencia de los conflictos endurece de tal modo el ánimo de los periodistas, que muchos los consideran parte de su *métier* y no se dejan abatir fácilmente por ellos. El cinismo adulto reemplaza al romanticismo de la adolescencia.

Pero más y más, de la forma en que se resuelvan y del sedimento que trasluzcan para llegar al público, dependerán no sólo de la fortaleza y el crédito del medio de comunicación en donde se den esos conflictos, sino también, en cierta medida, de la prensa como institución.

Existen dos maneras de abordar la cuestión de la ética de la prensa. La primera es por la ruta, larga y laboriosa, de la teoría. En las bibliotecas de las escuelas de comunicación, abundan las obras acerca de la deontología periodística. En ellas, se explica la diferencia entre ética, moral y justicia; abordan a fondo los dilemas entre el bien y el mal, lo correcto y lo improcedente, lo delicado y lo burdo. Para escribir desde este ángulo acerca de las cuestiones que gravitan en la sala de redacción todos los días, habría que remitirse a la filosofía, los códigos, los idearios. Aunque de acuerdo con la experiencia, un camino más práctico sería desmenuzar los casos concretos y contar cómo se resolvieron.

Por tanto, para quienes hacemos periodismo desde hace muchos años,

Introducción

EL GOCE, ESTIPENDIO Y ORGULLO DE SER PERIODISTA

En el fragor de la jornada diaria, las personas que preparan noticias y reportajes para un periódico, o que en busca de una nota para un noticiario, en compañía de un camarógrafo aducen no tener tiempo para cuestionarse. El acto reflexivo implica, necesariamente, contar con un momento de serenidad y con la oportunidad de dar una mirada introspectiva. Con la premura de la hora del cierre y la falta de tiempo para una segunda lectura a la pantalla o a la cuartilla, ¿cómo dedicar unos instantes a pensar si este o aquel procedimiento para conseguir la noticia fue correcto o si, a falta de respuesta a una llamada telefónica, es preferible esperar hasta el día siguiente para completar la delicada pesquisa sobre una denuncia de corrupción? El jefe de redacción está presionando. El corrector de estilo reclama rapidez: ese es su embudo de las seis de la tarde. El diagramador tiene un espacio en la primera página y todavía no le han enviado ningún texto para llenarlo. ¿No habíamos acordado qué sería la información con la que "abriríamos"? ¿No era esa la entrevista anunciada durante todo el día para el noticiario de la noche? Es cierto que falta la confirmación de una de las fuentes. Quizá no se pudo esperar a que el inculpado regresara a la ciudad. De todos modos, mañana podríamos darle la oportunidad de la defensa, y tal vez le vaya mejor: su versión quedaría en la base de la pirámide invertida y no al final. De todos modos, la competencia es fiera y detrás de la misma información andaban hoy dos colegas de la prensa vespertina. Si no la "quemamos" ahora, nos la restregará el rival a mediodía.

Ya está concluida la revisión cuando una llamada telefónica paraliza al periodista y amarga la noche al jefe. Se trata del director. Pregunta si ya

En la carrera en que andan
los periodistas debe haber un
minuto de silencio para
reflexionar sobre la enorme
responsabilidad que tienen

GABRIEL GARCÍA MÁRQUEZ

(Entrevista con María Elvira Samper,
en la revista *Semana*)

Cap. 10. Cuando no se publica lo que se debe 111

    El periodista escoge, no censura, 112. Los límites, 113. Degradación y horror del cuerpo destrozado, 114. La zona gris y el alto contraste, 115.

Cap. 11. Las delicadas relaciones entre la prensa y el poder 119

    Modelo democrático para armar, 119. Todas las dimensiones del Fruto, 120. El procurador de la sociedad y de la persona, 121. El cuarto poder, 122. Un caso para estudio, 123. El poder y el autocontrol, 126.

Índice onomástico 129

Índice analítico 131

Cap. 3. Prensa institucional y prensa comercial — 41

Subsidio contra votación, 41. El periodismo contestatario, 42. El anuncio es una noticia, 43. El anuncio puede mentir, 44. El punto de equilibrio, 45. Informar y vender lanolina, 47. Las convenciones publicitarias, 48. Información, publicidad y propaganda, 49.

Cap. 4. La prensa como grupo de presión — 51

Relación entre ética y tamaño y estructura del capital, 51. Un ideario común, 54. La colisión de intereses, 56. Ausentes, estadistas o entrometidos, 58.

Cap. 5. El derecho a la intimidad — 63

Interés público y vida privada, 63. Mentir a sabiendas, 65. Los límites de acción de la prensa, 65. Reglas, 66.

Cap. 6. El secreto de la fuente — 73

Libertad y responsabilidad, 73. La excepción y la regla, 74. Límites, no excepciones, 75. El derecho a saber, 76. Quién asume la responsabilidad, 77. La delicada relación periodista-fuente, 78. La obligación de revelar la fuente, 80. Normas éticas o reglas de sentido común, 81. El secreto del procedimiento, 82.

Cap. 7. Los riesgos del periodista — 85

Mario y Pedro, 85. La seguridad personal y ética profesional, 87. La crisis económica, 88. Las consagradas formas de compromiso, 90. El turismo periodístico, 91.

Cap. 8. La experiencia de la prensa política en América Central — 95

Cap. 9. Cuando se publica lo que no se debe — 103

Estímulo y selección de impulsos informativos, 103. Los intereses propios, 104. Monopolio y oligopolio, 105. El periodismo agorero, 106. La textura y la sensualidad, 107. Uniformidad y despersonalización del estilo, 108. El abandono de las recetas, 108.

Índice de contenido

Introducción   **11**

Cap. 1. Doctrina y práctica de la equidad informativa   **15**

    Fidelidad y grado de concentración del público, 15. El derecho de defensa,16. Cuando el fondo se convierte en forma, 17. Proporcionalidad del medio empleado, 18. Actualización como práctica del equilibrio, 19. Mentir con los títulos, 19. Autorregulación o imposición legal, 20. Investigación periodística, proceso judicial, 21. El debido proceso periodístico, 22. Con el mismo rasero, 23.

Cap. 2. Manipulación del medio informativo por los grupos de presión   **25**

    El núcleo y sus ramificaciones, 25. Los parámetros y el contexto, 26. La prueba de los límites, 27. El compromiso biológico, 29. El séptimo círculo, 29. La hipnosis de la novedad y el conflicto, 30. Manipulación mutua, 32. El escorzo y el contexto, 33. El rito de la conferencia de prensa, 35. El marco de referencia, 36. Natura y Salamanca, 36. Mercadotecnia, nichos, preferencias, 37. Quién debe dar el ejemplo, 39. Buscar aliados para defenderse solo, 40.

Catalogación en la fuente

Fernández, Guido
 Agonía a la hora del cierre : el minuto de
silencio que puede hacer cambiar al periodismo. --
México : Trillas : Universidad Internacional de
Florida, 1994.
 133 p. ; 23 cm.
 ISBN 968-24-4810-7

 1. Periodismo - Aspectos sociales. I. t.

LC- PN4775'F4.3   D- 070.4'F565a

La presentación y disposición en conjunto de
AGONÍA A LA HORA DEL CIERRE. EL MINUTO DE
SILENCIO QUE PUEDE HACER CAMBIAR AL PERIODISMO
son propiedad del editor. Ninguna parte de esta obra
puede ser reproducida o trasmitida, mediante ningún sistema
o método, electrónico o mecánico (incluyendo el fotocopiado,
la grabación o cualquier sistema de recuperación y almacenamiento
de información), sin consentimiento por escrito del editor

Derechos reservados
© 1994, Editorial Trillas, S. A. de C. V.,
Av. Río Churubusco 385, Col. Pedro María Anaya,
C.P. 03340, México, D. F.
Tel. 6884233, FAX 6041364

División Comercial, Calz. de la Viga 1132, C.P. 09439
México, D. F., Tel. 6330995, FAX 6330870

Miembro de la Cámara Nacional de la
Industria Editorial. Reg. núm. 158

Primera edición, febrero 1994
 ISBN 968-24-4810-7

Impreso en México
Printed in Mexico

GUIDO FERNÁNDEZ

Agonía
A LA HORA DEL
Cierre
EL MINUTO DE SILENCIO QUE PUEDE
HACER CAMBIAR AL PERIODISMO

Editorial
TRILLAS
México, Argentina, España,
Colombia, Puerto Rico, Venezuela

*A Manuel Jiménez Borbón,
quien entendía todo esto.*